/ 100 位

为新中国成立作出突出贡献的英雄模范人物 /

刘老庄连

郭家宁　马新文/编著

★

吉林出版集团 | 吉林文史出版社

图书在版编目（CIP）数据

刘老庄连 / 郭家宁，马新文编著. -- 长春：吉林文史出版
社，2011（2024.5重印））
（100位为新中国成立作出突出贡献的英雄模范人物）
ISBN 978-7-5472-0592-1

Ⅰ．①刘… Ⅱ．①郭… ②马… Ⅲ．①革命烈士－生平事迹－
中国 Ⅳ．①K820.6

中国版本图书馆CIP数据核字(2011)第051230号

刘老庄连

LIULAOZHUANGLIAN

编著/ 郭家宁 马新文

选题策划/ 王尔立 责任编辑/ 王尔立

装帧设计/ 韩璘

出版发行/ 吉林文史出版社

地址/ 长春市福祉大路5788号 邮编/ 130118

电话/ 0431-81629363 传真/ 0431-86037589

印刷/ 天津海德伟业印务有限公司

版次/ 2011年4月第1版 2024年5月第7次印刷

开本/ 640mm×920mm 1/16

印张/ 9 字数/ 100千

书号/ ISBN 978-7-5472-0592-1

定价/ 29.80元

《100位为新中国成立作出突出贡献的英雄模范人物》丛书

★ ★ ★ ★ ★

编 委 会

主　任　　张自强　高　磊

副主任　　王东炎　徐　潜　张　克　王尔立

编　委　　郭家宁　尚金州　龚自德　张菲洲

　　　　　张宇雷　褚当阳　丁龙嘉　孙硕夫

　　　　　李良明　闫勋才

/**100**位

为新中国成立作出突出贡献的英雄模范人物/

八女投江	于化虎	小叶丹	马本斋	马立训	方志敏
毛泽民	毛泽覃	王尔琢	王尽美	王克勤	王若飞
邓　萍	邓中夏	邓恩铭	韦拔群	冯平	卢德铭
叶　挺	叶成焕	左　权	诺尔曼·白求恩		任常伦
关向应	刘老庄连	刘伯坚	刘志丹	刘胡兰	吉鸿昌
向警予	寻淮洲	戎冠秀	朱　瑞	江上青	江竹筠
许继慎	阮啸仙	何叔衡	佟麟阁	吴运铎	吴焕先
张太雷	张自忠	张学良	张思德	旷继勋	李　白
李　林	李大钊	李公朴	李兆麟	李硕勋	杨　殷
杨子荣	杨开慧	杨虎城	杨靖宇	杨闇公	萧楚女
苏兆征	邹韬奋	陈延年	陈树湘	陈嘉庚	陈潭秋
冼星海	周文雍、陈铁军夫妇		周逸群	明德英	林祥谦
罗亦农	罗忠毅	罗炳辉	郑律成	恽代英	段德昌
贺　英	赵一曼	赵世炎	赵尚志	赵博生	赵登禹
闻一多	埃德加·斯诺		夏明翰	格里戈里·库里申科	
狼牙山五壮士		聂　耳	郭俊卿	钱壮飞	黄公略
彭　湃	彭雪枫	董存瑞	董振堂	谢子长	鲁　迅
蔡和森	戴安澜	瞿秋白			

　　每个人的心中都多少有一点英雄情结，都向往英雄、景仰英雄。也正因此，在中华人民共和国建国六十周年之际，由中央十一部委联合组织开展的"100位为新中国成立作出突出贡献的英雄模范人物和100位新中国成立以来感动中国人物"的评选活动中，群众参与投票总数近一亿。这其中的每一张选票，都表达了人们对英雄模范的崇敬之情，寄托着对伟大祖国的美好祝福。

　　一个民族不能没有英雄，否则这个民族就不会强大。当国家危难之时，懦弱者选择了逃避、妥协甚至投降，英雄们却挺身而出，用热血捍卫民族的尊严，人民的幸福。在创立和建设新中国的伟大历程中，涌现出无数可歌可泣的英雄模范人物。他们之中，有为了民族独立和人民解放而英勇牺牲的革命先烈，有为了党和人民的事业而不懈奋斗的优秀共产党员，有在全民族抗战中顽强奋战、为国捐躯的爱国将士，有英勇杀敌的战斗英雄和革命群众，有积极从事进步活动的著名民主爱国人士和国际友人……他们是民族的脊梁、祖国的骄傲，是激励全体人民团结奋斗的精神力量。

　　《100位为新中国成立作出突出贡献的英雄模范人物传记》丛书，就像一部星光璀璨的英雄谱，真实、完整地记录了英雄模范人物不平凡的一生，再现了他们非凡的人格魅力和精神世界。"头颅可断腹可剖"的铁血将军杨靖宇，"毫不利己，专门利人"的白求恩，"抗战军人之魂"张自忠，"砍头不要紧"的夏明翰，"俯首甘为孺子牛"的文化斗士鲁迅……一串串闪光的名字，一个个动人的故事，犹如群星闪烁，光耀中华。

　　如今，战火已熄，硝烟已散，英雄已逝，我们沐浴在和平的幸福之中。在和平年代，人们不会忘记为今日的和平浴血奋战的英雄们，英雄的故事永远不会结束。让我们用英雄的故事唤醒我们心中的激情，为中华民族的伟大复兴而奋斗。

生平简介

　　刘老庄连，抗日战争时期，新四军三师七旅十九团第四连82名官兵，在淮北刘老庄战斗中全部壮烈殉国。1943年春，侵华日军对江苏北部淮海抗日根据地进行大规模残酷"扫荡"。3月17日，四连在淮阴县老张集一带与日军遭遇，激战突围至刘老庄。18日，四连在刘老庄与千余日军再次遭遇，全连82人凭借交通沟，英勇抗击日军的进攻。虽经多次突围，均未成功，乃决心固守。连部通信员在火线入党申请书中写道："在党最需要的时候，我将把自己的生命献给党和人民，绝不给我们党丢脸，绝不给中华民族丢脸！"日军集中炮火对四连阵地进行毁灭性炮击，并以大队骑兵实施冲击。四连官兵在强敌面前，坚定沉着，不惧牺牲，浴血奋战，连续打退日军五次进攻，毙伤日军四百余人，苦战至黄昏，终因寡不敌众，全连弹尽粮绝，全部壮烈牺牲。八路军总指挥朱德在《八路军新四军的英雄主义》一文中，称刘老庄连为"我军指战员英雄主义的最高表现"。

◄ 刘老庄连

目 录 MULU

丰碑永存（代序）

1943年3月18日，历史定格在这一天。

一支凶恶残暴的日本强盗的军队，在苏北淮阴的刘老庄与新四军的一个连队遭遇。没有遮蔽的开阔地，千余对八十二，如此恶劣的战场环境和兵力悬殊，这个连队凭借断头的交通沟从拂晓战至黄昏，在弹尽粮绝的最后时刻，勇士们拆毁所有枪支，烧毁文件，和强盗拼至最后一人，八十二位勇士全部壮烈殉国。

这是中华民族抗战史上悲壮的一页，勇士们用鲜血和生命树起了不畏强暴、至死不屈的民族精神的不朽丰碑。让我们永远记住这支英雄连队的名字：新四军三师七旅十九团二营四连。

"他们凭什么有这样一股不挠、不屈、不止的抵抗力量？"苏皖边区政府主席李一氓在八十二烈士墓碑记中提出这样一个令人深思的问题。1939年，四连还是苏鲁豫地区的一支地方游击队，上升主力后，在北伐铁军叶挺独立团的大熔炉中，这支部队和铁军的其他连队一样，在无数次硬仗、恶仗中愈战愈勇、愈战愈强。是的，再普通的人，一旦有了英雄的灵魂就可以成为英雄，再普通的连队，一旦注入铁军的军魂就可以成为钢铁的连队。八十二位勇士用鲜血和生命塑造的就是这种中国共产党领导下人民军队不朽的军人形象。

远去的硝烟把战争变成了记忆，烈士的身影在流逝的岁月中化作绚丽的霞光，伴着新生的共和国走向繁荣。如今，已没有刀光剑影，血雨腥风，在和平与安宁中，人们享受着幸福的生活。但是，人们无权忘记缔造和平的英雄，是他们薪火相传，筑成了守卫和平的钢铁长城。

抗日救亡动刀枪，

战斗在淮阴的刘老庄，

八十二位英雄汉，

抗击千余敌人小东洋。

为人民战斗，

为祖国解放，

光荣的刘老庄连，

万古千秋美名传。

悲壮的刘老庄战斗深深打动了著名作曲家贺绿汀的心，他动情地谱写了这首慷慨激昂的《刘老庄连连歌》。连歌跟随这支英雄的队伍唱响在大江南北，也永远唱响在华夏儿女的心中。

英雄连队

→ 浴血刘老庄

★★★★★

　　刘老庄是苏北淮阴一个普通的村庄，六十八年前这里发生了一次与日军殊死相搏的惊心动魄的战斗，从此使这个村庄与"铁军"的一个连队联系在一起，与中华民族的尊严与荣光联系在一起。

——

　　1942年12月8日，日军偷袭珍珠港，挑起太平洋战争。为了把中国变成扩大侵略的后方基地，日军将侵华兵力的百分之七十五和全部的伪军集中到敌后战场，对抗日根据地不断进行疯狂的大"扫荡"。在华中战场，日军华中派遣军所辖十四个师团的二十一万人，其中十一万人加上伪军十五万人，用来进攻新四军和抗日民主根据地。在苏北地区，从 1942 年 11 月中旬到 1943 年 4 月，日军发动了对根据地的第二次大"扫荡"。

为适应反"扫荡"斗争的需要，苏北全区实行党政军一元化领导。1942 年 11 月，成立了苏北区党委和苏北军区，新四军第三师师长黄克诚兼任区党委书记和司令员、政委。淮海、盐阜两个区党委均改为地委，两个军区亦改为军分区。同时，实行精兵简政和主力地方化，除留一部作为领导机关警卫和机动作战外，主力其余部队都以营、连为单位，分别划到各县区，与地方部队结合，加强地方武装力量。

11 月 14 日，日军以第十三军第十七师团藤原联队为主，纠集伪军第三十六师李实甫部，计八千余人，由泗阳、淮阴、涟水和南新安镇等地同时出动，合击淮海区党政军领导机关驻地沭阳县小胡庄、张圩、陈圩，妄图一举消灭淮海根据地指挥中枢，进而伪化淮海地区。

面对日伪军的猖狂进攻，淮海军民沉着应对，地方武装沭阳独立团于小店子、塘沟、马渡一线，阻击与牵制北路之敌；新四军第三师第七旅第十九团于淮阴县丁集一带，阻击由淮阴北犯之敌；新四军第三师第十旅第二十九团于涟水县杨口佯动，以迷惑敌人；淮海区党政军机关和主力一部，转移到泗沭爱园地区。

日伪军合围小胡庄、张圩、陈圩扑空后，在六塘河两岸及淮（阴）涟（水）地区反复"扫荡"、"清剿"，搜寻淮海区党政军领导机关和主力部队，仍无收获。11月底起，日伪军在沭淮、泗宿、新宿等公路上及六塘河、沭河西岸地区，相继设立四十多个据点，并成立维持会，推行伪化，扩大占领区，建立封锁线。

为打破日伪军的分割封锁、推行伪化的图谋，淮海区抗日军民于12月间发动了交通破击战，切断了纵横全区的七条主要公路交通线，先后袭击了沭阳的徐桥、岔路口，泗阳的杨集，淮阴的古寨，宿迁的马庄等日伪军据点，攻克了沭阳的宋圩、姜圩、永兴庄等据点，毙伤日伪军百余人。

日伪军对淮海区的"扫荡"即将结束之时，抽调驻华北的第三十五师团和驻华中的第十五、十七师团各一部，独立混成第十二旅团主力及苏北各地伪军，共两万余人，由第十七师团中将师团长酒井康统一指挥，准备大举"扫荡"盐阜区。

为保证领导机关的安全，中共中央华中局和新四军军部于1942年12月25日离开阜宁县停翅港，向淮南抗日根据地中心区转移，1943年1月10日到达盱眙县黄花塘。

根据军部指示，新四军第三师决定由张爱萍指挥第八旅、第七旅第二十一团及盐阜独立团，坚持在盐阜区内线作战；

△ 新四军三师赠给四连"胜利南下"的锦旗

　　黄克诚率师部机关及地方党政机关转移至盐东地区指挥反"扫荡"作战；第七旅主力转至淮海区和第十旅相互配合，策应内线作战。

　　1943 年 2 月 12 日，日伪军分南北两路合围"扫荡"盐阜区，以包围歼灭新四军军部和第三师及国民党韩德勤部。日军首先集中南线和西线兵力合击韩德勤部，并以部分兵力对新四军第三师实施佯攻。韩部一触即溃，一部投敌，大部退入新四军第三师根据地。日伪军占领韩德勤部控制区后，即集中兵力，采取分进合击战术，企图围歼新四军领导机关和主力部队。在新四军内外线部队的打击下，至3月中旬，日伪军不得不终止对盐阜区的"扫荡"，收缩兵力，开始向苏中、淮海、淮北等地撤退。

韩德勤部退入第三师根据地后，不仅未按事前与新四军的约定，在日军停止"扫荡"后"即返原防"，反而背信弃义，亲率其主力，偷渡运河，侵入淮北抗日根据地中心区山子头、界头集、金锁镇一带，并暗中勾结安徽王仲廉部，企图东西夹击新四军。

为粉碎韩德勤等的阴谋，新四军采取先礼后兵的方针，经一再向韩德勤劝告无效后，军部被迫决定进行反击战。根据陈毅代军长的命令，除原驻淮北的第四师主力外，还抽调第二师第五旅、第三师第七旅于3月17日分别赶赴指定地点，待命行动。

二

日军第十七师团一部在向淮海区撤退途中，沿途继续"扫荡"，寻歼分散活动于这一带的新四军主力。3月17日，在接到陈毅代军长的命令后，七旅十九团将活动在淮（阴）涟（水）地区的部队迅速集结，星夜向山子头进发。由于连日与敌激战，十分疲惫，十九团二营（欠五连）未能及时赶到集中地点，遂宿营刘老庄，准备第二天拂晓追赶大部队。

3月18日一大早，部队准备开拔。就在这时，不远处传来稀疏的枪声，跑反的老百姓说："鬼子来了！"二营四连迅速占领阵地，做好战斗准备，掩护部队和群众撤离。

这是一场不期而遇的战斗。这样的战斗，对于16岁就参加红军，先后经历过长征和平型关战斗的连长白思才来说，早已不是第一次了。他从十九团作战参谋调任四连连长后，在与日伪军的作战中，率领四连打过多次硬仗、恶仗，对自己的连队也非常了解：从苏鲁豫地区的游击队上升主力以来，在十九团这个由南昌起义时的教导团、长征时的红一军团突击四团、抗战初期八路军——五师六八五团改编过来的新四军主力团的大熔炉中，部队成长迅速，战斗力不断增强；指导员李云鹏，1936年就参加抗日救亡活动，后被选送延安抗大学习，曾任——五师文化教员；副连长石学富、一排长尉庆忠、二排长蒋元连、三排长刘登甫也都是作战经验非常丰富的优秀军事干部。眼前这批敌人，如果人数不多，四连可以将其打回去，如果是大股敌人，则可先迟滞敌人，为跑反的群众和部队转移争取一段时间，随后沿交通沟撤出战场。

交上火不久，白思才等人就发现敌情远超过预计。据战后我军和日军相关史料综合分析，此战日军人数有一千多人，装备精良，仅大小炮、掷弹筒就有百余门（具）。待阻滞敌人的目的达到后，四连立即沿交通沟转移。没走多远，发现交通沟断头，这时大批敌人压了过来，四连已无法撤出去，顿时陷入重围。

在日军方面，由于连日"扫荡"均无多大收获，有时连新四军的影子都摸不到，这次突然遭受四连重机枪的扫射，以为是遇到了主力大部队，立即投入十多挺机枪，分多路向四连阵地迂回过来。由于情况不明，日军围住四连阵地后没有贸然猛攻，上午9时左右，敌人投入小股火力试探，发起了第一次冲锋，刚冲出几十米就被四连打垮了。敌指挥官川岛异常恼火，亲自登上一户农舍堂屋顶察看地形，然后组织第二次冲锋。敌投入约一个中队的兵力，集中火炮和机枪，猛烈压制四连的火力，掩护步兵进攻。当日军距离阵地百米左右时，四连枪榴弹集中打向日军火力点，同时轻重机枪一齐开火，压住了日军的火力。枪榴弹是新四军军工部门的新产品，让日军吃尽了苦头。日军第二次冲锋又以惨败而告终。但此时四连的弹药也消耗得差不多了，日伪军却还在源源不断地向阵地迂回过来，突围的难度越来越大。

为取得弹药补给，指导员李云鹏决定组织突击小组到阵地前沿抢日军尸体旁的枪支弹药。老红军、一排长尉庆忠主动站了出来，带领突击小组爬出交通沟，冒着日军的枪林弹雨，抢回了一批枪支弹药，可尉庆忠在撤回途中却不幸牺牲了。

　　接着，敌人又发起了第三次、第四次、第五次冲锋，但是，每一次都是抛下一些死尸狼狈逃窜。炮击中，白思才右手被弹片炸伤，苏醒后继续来往于壕沟内，鼓舞士气，安慰伤员，指挥战斗。这时李云鹏也几处负伤，在炮火中顽强坚持写好战斗报告，白思才在上面签了字。报告叙述了战斗情况，并请求批准他们火线接纳新党员。连部通信员在火线入党申请书中写道：在党最需要的时候，我将把我的生命献给党和人民，绝不给我们党丢脸，绝不给中华民族丢脸！

　　这时，日已过午，敌人为了组织新的进攻，冲锋暂时停止了。四连党支部利用战斗间隙召开支委会，分析了敌情，一致认为，必须继续拖住敌人，坚持到天黑，然后再组织突围。

由于数次冲锋无效，敌人改变了战术，集中所有山炮、步兵炮、掷弹筒，向四连阵地轰击。四连指战员凭借着比钢铁更坚强的革命意志，在一段不长的交通沟（又称"抗日沟"）里，顽强抗击。工事被摧毁，立即修复；掩体炸塌了，背包填上去；人员负伤了，包扎起来继续战斗，任凭敌人炮弹再多，轰击再猛，四连依然人在阵地在。

　　炮火仍在继续，白思才和李云鹏在炮火中察看了连队的情况。经过一整天的战斗，全连只剩下不到一半了。更为严重的是，子弹也快打光了。这时敌人新的更大的冲锋即将开始。在这紧要关头，连部决定，放弃突围，最后一次迎击敌人的冲锋，更多地杀伤敌人。白思才下令，把余下的子弹集中给重机枪使用，轻机枪全部拆散，步枪也拿下枪栓，装上刺刀，准备肉搏战。该毁掉的枪支全部拆毁了，零部件一一埋入地下，文件和报刊也都销毁了，决心不让敌人捞到一点东西。炮火的浓烟把太阳都遮住了，昏天暗地。敌人又开始进攻了，他们从四面八方围了上来。四连的勇士们，紧握着手中枪，纵身跃出战壕，冲向敌群……

　　当夜幕降临阵地时，喊杀声终于停下来了。淮阴县张集区区长周文科和联防大队长周文忠带领地方武装赶到刘老庄时，阵地上的硝烟尚未散尽。在白天这场悲壮的搏斗中，终因敌我力量悬殊太大，四连八十二位勇士全部壮烈殉国，但日军也付出了死一百七十余人、伤二百余人的巨大代价。交通沟里，弹药射尽了，手榴弹掷光了，短枪、步枪没有一支是完整的，全部折断、摔碎，八十二位勇士没给敌人留下一星半点的"战利品"。在收殓烈士遗体时，意外发现一位奄奄一息的年轻战士，他以坚强的毅力，忍受着难耐的伤痛，断断续续地向大家叙述了战斗的情况。但是，由于伤势太重，失血过多，这位年仅 24 岁的战士，不久也与世长辞了。

三

3月18日，刘老庄战斗打响时，山子头自

△ 新四军三师七旅司令部、政治部命名四连为"刘老庄连"的锦旗

卫反击战已取得重大胜利，至下午2时左右，山子头自卫反击战全部结束，全歼韩德勤总部、独立第六旅、保安第三纵队。七旅十九团主力在连夜开赴山子头过程中，因陈毅代军长军令在手，团长胡炳云虽料到四连可能会遇到一场恶战，但主力只能前进不能回头增援他们。当四连全部殉国的噩耗传来，将士们无不万分悲痛。

3月29日，十九团在郑潭口小学院内召开追悼大会，隆重悼念为国捐躯的战友。同时，将四连在刘老庄抗击日军全部壮烈牺牲的英雄事迹向上级写了报告。当地党委立即做出决定从淮涟地方部队涟水县总队抽调八十二人补入三师七旅十九团，重新组建二营四连。为弘扬烈士为国捐躯的爱国主义精神，新四军三师党委命名十九团四连为"刘老庄连"，并将3月18日定为八十二烈士殉国纪念日。

在烈士牺牲的地方，淮阴人民当天含泪收殓了烈士的忠骸，并于三天后为八十二位烈士举行了公葬，为烈士筑起了一座三丈高的土墓，墓碑上写着"新四军三师七旅十九团四连八十二烈士公墓"。1946年重建烈士墓，同时兴建了烈士陵园。陵园四角建有台阁，园中建了"壮志亭"、纪念堂，栽植了松柏和杨柳，苏皖边区政府主席李一氓题写墓铭"八十二烈士墓"，并题赠挽联"由陕西到苏北敌后英名传八路，从拂晓达黄昏全连苦战殉刘庄"，还撰写了碑记。新四军三师师长黄克诚的题词是："英勇战斗，壮烈牺牲，军人模范，民族光荣"；副师长张爱萍的题词是："八二烈士，抗敌三千，以少胜多，美名万古传"。

刘老庄八十二烈士的英雄事迹受到了八路军总部和新四军军部领导的高度赞扬。朱德总司令在《八路军新四军的英雄主义》一文中指出："我们部队仍然创造了许多史无前例的英雄业绩，涌现出许多出类拔萃的新的英雄们……如著名的平型关大捷、阳明堡火烧敌机，使敌人胆寒的百团大战、狼牙山五勇士的壮烈跳崖、全排壮烈牺牲的马城村坚守战、黄烟洞保卫战、全连八十二人全部壮烈殉国的淮北刘老庄

△ 原新四军三师师长黄克诚为八十二烈士题词

战斗、南北岱崮坚守战、韩略村伏击战、甄家庄歼灭战，无一不是我军指战员的英雄主义的最高表现。"新四军代军长陈毅盛赞八十二烈士浴血刘老庄是"惊天地而泣鬼神的壮举"，他还在《新四军在华中》一文中肯定，"烈士们殉国牺牲之忠勇精神，固可以垂式范而励来兹"。

如今，半个多世纪过去了，烈士曾经洒下热血的这片土地已经成为林茂粮丰、五业兴旺的社会主义新农村。当年的烈士墓和陵园几经修缮，已成为进行爱国主义和革命传统教育的重要场所，1996年陵园获批省级文物保护单位，省级爱国主义教育基地、德育基地，全民国防教育基地；淮安市党员教育基地。2005年被列为江苏省红色旅游景点。2009年，"刘老庄连"入选全国"双百"和江苏"双五十"英雄模范人物。目前，淮阴区委、区政府正投巨资进行陵园改扩建工程，让烈士们用鲜血和生命写就的中华民族抗战史上的辉煌篇章永远铭记淮阴大地，让烈士们的革命精神在全社会薪火相传，从而更好地激励后人踏着先烈的足迹，为实现先烈们为之奋斗终生的中华民族伟大复兴的宏伟事业而不懈奋斗！

→ 群英谱

★★★★★

（部分烈士名单）

白思才（连长）	李云鹏（指导员）
孙尊明（文化教员）	石学富（副连长）
尉庆忠（排长）	蒋元连（排长）
刘登甫（排长）	王世祥（排长）
李道合（排长）	马汉良（排长）
刘忠胜（班长）	王洪远（班长）
王中良（班长）	罗　桥（文书）
杨林彪（卫生员）	王步珠（战士）
田执信（战士）	

白思才烈士

　　白思才（1919—1943），江西省人，出身于贫苦农民家庭，16岁时在江西革命根据地加入中国工农红军，1934年10月随红一军团从他的故乡出发，进行二万五千里长征，历尽艰难险阻，于1935年秋到达陕北革命根据地。

　　1936年初，为了促进全国人民抗日救亡运动的发展，他随红一方面军主力渡河东征，加入抗击日本帝国主义武装侵略的战斗行列。七七事变后，中国工农红军改编为八路军、新四军，并深入敌后抗战，白思才同志参加了震惊中外的平型关战斗，长期斗争的锻炼和考验，使他成长为一名英勇善战、机智果敢的年轻指挥员，一名优秀的共产党员。

　　在革命斗争的岁月中，白思才同志历任战士、班长、排长、团作战参谋，为了贯彻精兵简政的方针，加强基层连队的建设，团党委派他担任四连连长，在这期间，他努力学习，积极工作，连队的军事、政治素质均得到很大提高，成为所在部队执行各项任务的骨干力量。

　　1940年7月，胡炳云大队奉命从皖东北东渡运河进入战火纷飞的淮海区，开辟淮海根据地，白思才同志率领四连活动于淮阴、涟水地区，与敌展开顽强的斗争，打击了敌人的嚣张气焰，为发展和巩固淮海根据地作出了贡献。

1943年3月，盘踞淮海区的日本侵略军，在"扫荡"盐阜根据地遭我沉重打击后，被迫向淮海区撤退，途中与四连遭遇，敌几次围击，四连机动灵活地跳出敌人包围，敌即尾随追击。3月18日晨，四连在刘老庄与敌展开了一场殊死的战斗，从拂晓到黄昏，浴血奋战一整天。在连长白思才、指导员李云鹏的率领下，四连八十二位勇士，发扬革命英雄主义精神，连续打退敌人五次冲锋，毙敌一百七十多人，伤敌二百余人。在敌实施炮火袭击时，白思才同志的右手被炸断，身上多处负伤，几次昏倒在战壕内，但他置生死于度外，咬紧牙关，坚持指挥战斗。最后，终因弹尽援绝，敌众我寡，与全连指战员一起壮烈牺牲，为人民革命事业献出了年轻的生命，写下了抗日战争史上的光辉篇章。

（作者：吴如忠　中共淮阴区委党史办）

李云鹏烈士

当抗日战争进入反攻阶段，日本侵略军作垂死挣扎之际，新四军第三师七旅十九团二营四连的八十二位勇士，于1943年3月18日，从拂晓到黄昏，在苏北淮阴县刘老庄展开了一场抗击千余日伪军的激战。他们以生命和鲜血谱写了一首气壮山河的英雄史诗。李云鹏同志就是八十二位烈士中的一名杰出代表，是四连的政治指导员。

李云鹏，江苏沛县王店乡李集村人，他1920年3月出生于一位农村小学教员家庭。1928年起在本村读初小，1933年到沛县城中小学读高小，1935年小学毕业后，直到1938年底均在家务农。

1938年5月，日本侵略军入侵沛县，家乡沦陷，日本侵略军烧杀抢掠等种种暴行为李云鹏亲目所睹；我地下党同志的抗日宣传为李云鹏亲耳所闻。从正反两个方面受到了深刻的爱国主义教育，从而在李云鹏的心灵里深深地埋下了对日本侵略军的仇恨，点燃起抗日救国的熊熊烈火。当年年底，他怀着与日本侵略军的不共戴天之仇，抱着一颗忠于人民、报效祖国的赤诚之心，到离家八里多的丰县华山，找到了抗日动员委员会，参加了中华民族解放先锋队。不久，他又光荣地加入了中国共产党。从此，李云鹏投身于抗日救国的斗争，开始了他的革命生涯。

中华民族解放先锋队，是丰、邳、铜一带由我地下党领导的、广大热血青年和学生参加的一支抗日自卫队、游击队。1939 年 3 月，这支抗日武装力量编入我党领导下的游击大队，即胡田大队。他们活跃在徐州以北一带，首战马鞍山，再战大屯圩子的张楼，缴获侵华日军机枪一挺，步枪十余支。1939 年 7 月，游击大队正式编入苏鲁豫支队，为一大队三营十连。1940 年再次改编时，为二营八连。1941 年部队在东沟休整时，该连队改为新四军第三师七旅十九团二营四连。李云鹏同志随这支部队转战于江淮平原，进行了程道口反顽，坚持在淮海地区，歼灭了日伪大量有生力量。李云鹏同志所在的四连更是越战越强。1942 年，日本侵略军向我根据地进行大规模战役"扫荡"，为了粉碎敌人的"扫荡"，四连奉命从永春挺进淮阴坚持战斗。他们在敌人星罗棋布的据点之间出奇制胜地同敌人进行英勇战斗。四次袭击棉花庄，封锁敌人抢粮，破坏敌人的公路、桥梁，拔掉敌人的电线杆，弄得敌人终日神魂不安。同年11月中旬，四连在教导员丁光辉同志的带领下，到六塘河东高沟一带活动，与四百多日伪军遭遇，激战数日，俘敌二十余人，缴枪数十支，给敌人以沉重打击。李云鹏同志在战斗中锻炼、成长。他在部队先后担任过宣传员、文化教员、团政治处干事、连副政治指导员、政治指导员等职，从一名普通战士成长为一名英勇善战的指挥员。

李云鹏同志对革命满腔热忱，对工作认真负责，凡是党交给的任务，他都能出色地完成。他在担任宣传员、文化教员的时候，所在连队文艺活动开展得很突出，曾在新四军三师举行的文艺比赛中，获得师领导和战士们的一致好评。

1943年3月18日，日军十七师团在盐阜一带遭我打击，被迫撤到淮海区，沿途继续对我进行残酷"扫荡"。这天凌晨，与驻淮阴城的日伪军配合分多路向北进犯，企图寻歼我主力和消灭地方党政机关。当天驻在刘老庄的四连发现敌情后，立即进入交通沟，准备迎击敌人，掩护地方党政机关和人民群众安全转移。然后再追赶营部并向主力部队靠拢。不料由于交通沟断头，四连陷入敌人重围，经几次突围，均未成功。在李云鹏、白思才的带领下，全连下定决心，誓死固守阵地。

从拂晓到黄昏，四连顽强奋战，勇猛杀敌，先后击退日伪军的多次冲锋，毙伤敌寇四百多人。经过一整天的激烈战斗，我四连的子弹打光了，李云鹏同志命令活着的战士，拆毁多余的武器，随时准备和敌人进行最后的决战。时近黄昏，敌人在炮火掩护下，以密集队形向我四连阵地包围过来，我四连指战员毫不畏惧，以气吞山河的英雄气概和敌人展开了肉搏战。最后终因敌众我寡，我四连的勇士们全部壮烈牺牲。

李云鹏同志，在他战斗的一生中，为我们树立了一个光辉的榜样，发挥了一个共产党员的先锋模范作用，他的英雄形象永远活在我们心中，他那为革命无私无畏的忠勇精神永远激励着我们奋勇前进！

附：

李云鹏家书（一）

父母亲大人大鉴：

自儿离家，已经年余。记得曾在本年四月间，于泗阳县郑集寄家信一封，不知大人收到否？回音否？如家书回报，可惜我也不能等收到了。我已离开此地，转入本省淮阴了，以致家信不能等收，儿异常为念。不知大人身体近来健康否？不知家中情形和收成怎样？更不知当地情形如何？儿在外甚为惦念之。儿在外身体很好，生活也很好。现在的我，比从前粗壮而高大了，请大人不要为念。儿还在这里工作，工作也非常忙碌，可是，为了……所以我之工作精神，也非常兴奋，此信到家不过慰问而已。因现无一定的地址，儿现在心目中最挂念者，以我年老悲慈之祖母。儿离家时，祖母曾染重疾，不知大人的病痊愈了否？身体健康否？不知祖母饮食起居怎样？儿心中非常挂念，希二大人将我之情形讲给他们，以免大人之悬念。这次离家，未报此恩，反而离家，是我之罪过也。待风息波静，凯然而归，全家团聚，以报此恩。儿现在将亚光改为云鹏，请父之指教之。现因时间之短促，不能再叙。

　　并祝各位叔父母的身体安康，各位小弟弟好吗？侄在外甚为挂念。

　　待问祖母大人，现在她老人家身体好吗？生活好吗？我在外生活身体都很好，请祝老大人切勿挂念为盼。

儿　云鹏上

七月四日

李云鹏家书（二）

父母亲大人大鉴：

　　敬禀者。男于前几日接大人清明之来信一封，洞悉家情，知家中遭此不测：三弟不幸夭折；吾祖母继又于 6 月间逝世。消息之传来，真如晴天霹雳，心中悲伤，恨不能插翅飞来。男于三月母亲去世，一切都由祖母照料，不辞劳苦，把我养活成人，不孝男竟弃年迈之祖母踏上这浪流的道路，像我这忘恩负义东西，真愧为世人。

　　父亲之嘱言，我紧（谨）记在心。现在我的性格，也与前有些不同了，请大人放心。我在此处作工（工作）生活都很好，工资也不多，只能做零用开支，不能剩余。我的身体也粗壮得很，起居饮食都很安宜，望大人切勿挂心。此处物资粮米都很昂贵，每人每日生活不下十元。此处地面荒乱，土匪猖獗，交通不便。日军常常下乡"扫荡"与"清乡"，使儿也没有一定的住所。待时局平静一些，儿定回乡。此处直到徐州都是如此的荒乱，望大人切勿驾临为佳。因地面不平清（静），交通不便，加之男又没有一定之住所，又须许多经济，在途中有很大的危险。男深感双亲为我之念，我的详情，有王孟庄愚珠告诉清楚，切勿想念。关于洪筹表叔与他侄尊明、尊迁，都与我在一起，生活相同，望告诉他家人，切勿挂念。洪筹表叔也曾去家信，没见回音，以后他家来信，可寄到这个地点，我再转交。洪凯表叔已去世二年余，不知他家人知道否？侯再荣也和我在一起，也告诉他家人。

　　各位叔父、婶母大人都好吗？侄在外也非常挂念，不知合家弟妹安好否？现在读书没有？望在来信告诉我。望大人不要挂念，今后大人多多来信。并祝

合家安好！

男 云鹏敬禀

四月初四

回信时，寄淮阴北老张集西北八里陈庄陈以和先生转交

李云鹏烈士表叔的一封信

贞甫表兄：

新四军三师七旅十九团二营四连政指。

　　你的两次来信都收到了。前以岳母回乡曾托将云鹏表侄噩耗代为转达，未即作复。据料岳母曾道及云鹏表侄，但不详尽，致使吾兄悬念，弟之罪也。云鹏侄的噩耗传到我时，他已

弃世月余了，直至今年他一周年时，我才得亲身前往致祭，当时与祭者有千余人，莫不悲伤涕零。同时每人携土一筐，修筑坟墓。他是去年3月18日在淮阴刘皮镇西南之刘老庄牺牲的。他们同吃人的野兽搏斗了一整天，终以实力悬殊，弹尽援绝，全体遇难，他们的骸骨由地方收拾埋成一座公墓，圈坟地两亩多，植竹松，树石碣。今年我去祭时，离二里多路就看到坟子了。地方人去年曾为他们戴孝，今年清明节时，又为他们招魂念经，我因事未能到。在淮阴地只要提到他们，老弱妇孺无人不知。云鹏侄的死我们深为悼惜，但人死不能复生，而死后像他那样的光荣，像他那样为很多人怀念这不多见，尚希闻讯节忧，保重身体。

此致

秋安并问

和第安好

孙　涛

中秋节

魏祥成、刘云访写给李云鹏烈士弟弟李卫

025

英雄连队

东(李云彩)的信

李卫东同志:

您好! 你的来信很早就收到了, 没能及时给你回信, 请原谅。

我们去年有机会到洛阳, 主要是看看老部队, 因为四十三军是我们三十五年前工作过的单位。我在军司令部工作, 刘云访在文工团工作, 而这个军的一二七师三七九团又是我的老家。这个团的三、四、七连都是我们丰、沛游击队留传下来的, 也就是说三七九团的三、四、七连的前身就是我们丰、沛人民组成的抗日游击队的前身, 当时的番号为苏鲁豫支队游击三大队, 下辖七个中队, 除一中队是沛县人外其他几个中队都是丰县人组成的。孙□寿、李云鹏同志是一中队后改编为主力部队四连, 我是二中队的, 改编为三连, 其他编为七连。这三个连队从成立到现在(1938—1985)已经是四十多年的历史了, 通过抗日战争、解放战争和中越反击战, 在我们党的领导下, 打了不少胜仗, 为人民立了战功。特别是四连在抗日战争时期的刘老庄之战, 在连长白思才同志(陕西人)、政指李云鹏同志指挥下打得英勇顽强, 给敌人以重大杀伤。这一仗打得中外驰名, 这是我们丰沛人民的光荣, 也是江苏人民的光荣。

我已六十二岁了, 离休了, 在这之前任副军长职务, 也想利用离休的机会, 写写"苏鲁豫支队游击三大队的始末"以作为一个史料，可目前来看，当时这个大队的人不多了，又没材料，水平又低，这不一定能写得成，现正在收集材料。

到部队之后听说大娘和你们在洛阳，我们就前往拜望，可大娘走亲戚去了，你也不在，是小蔺接待我们的，这位小蔺可不得了，对人是那么的热情、诚实，使我们好像到了自己家一样，使我们很受教育。利用这个机会我们表示谢谢她对我们的热情接待。

欢迎你有机会来广州，一定到我们家来，有什么需要办的事可来信。

祝你、小蔺和全家好，春节愉快！

魏祥成 刘云访
1985 年 2 月 11 日

→ 军中标杆

（济南军区铁军师叶挺独立团"刘老庄连"
的六十八年）

今年是刘老庄八十二烈士殉国六十八
周年。回顾走过的这六十八年，呈现在我们
面前的是一部气势磅礴、威武雄壮的战争
画卷。六十八年的历程是一部波澜壮阔的
战斗史；六十八年的历程是一部雄壮威武
的英雄史；六十八年的历程是一部战功卓
著的辉煌史；六十八年的历程是一部铁心
跟党走的忠诚史；"刘老庄连"在六十八年
的建设中积累的宝贵经验和缔结的优良传
统，是留给我们新一代官兵一笔取之不尽、
用之不竭的财富，是激励我们不断从胜利
走向胜利、从辉煌走向辉煌的重要保证。

抗日战场威震敌胆

血战刘老庄　1943年3月18日，在江苏淮阴刘老庄地区，为掩护当地群众安全转移，新四军三师七旅十九团四连在连长白思才、指导员李云鹏的率领下，依托村前交通沟进行顽强抵抗，与装备精良的日寇激战了一天。他们子弹打完了，就用刺刀捅；刺刀捅弯了，就用枪托砸；枪托砸碎了，就用小锹砍；小锹砍断了，就用牙齿咬，终因众寡悬殊，全连八十二位勇士全部壮烈殉国，谱写了一曲吓破敌胆的悲壮战歌。此次战斗，四连连续打退日伪军一千余人的五次冲锋，经受数小时断续的炮击，苦战整日，共击毙敌一百七十余人，掩护了人民群众安全转移。新四军第三师七旅为表彰四连的英雄壮举，命名四连为"刘老庄连"。朱德总司令在《论八路军新四军革命英雄主义》一文中对八十二烈士作了很高的评价，指出："淮北全连八十二人全部殉国的刘老庄战斗……无一不是我军指战员英雄主义的最高表现。"新四军代理军长陈毅在《新四军在华中》一文中指出："烈士们殉国牺牲之忠勇精神，固可以垂式范而励来兹。"时任新四军三师副师长的张爱萍将军也在八十二烈士的墓碑上挥毫题下了"八二烈士，抗敌三千，以少胜多，美名万古传"的颂扬诗句。

攻克淮安城高奏凯歌　1945年8月9日，毛泽东发表《对

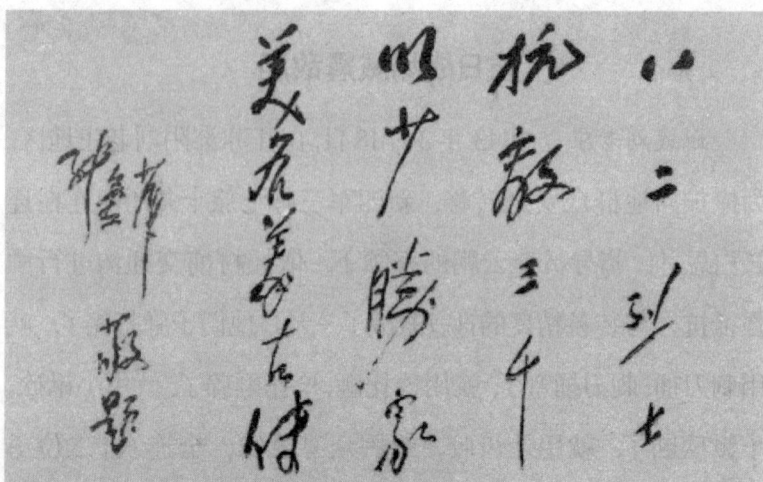

△ 原新四军三师副师长张爱萍为八十二烈士题词

《日寇的最后一战》的声明，解放区军民开始了对日全面反攻的作战。9月15日，收复淮阴县城后，第七旅抵达淮安城下，担负主攻任务的四连（刘老庄连）所在团十九团全体指战员欢欣鼓舞、摩拳擦掌，投入了夺取淮安这场反攻战役之中。9月22日上午8时，"敌人不投降，就叫他灭亡"的命令传来，总攻开始了。四连（刘老庄连）全体官兵随部队一道迅速架好云梯，像小老虎一样向城头猛攻，前一个牺牲了，后一个又冲上去，勇士们前仆后继、奋不顾身冲向城头。仅仅十分钟就占领了城头，并迅速向两翼发展。中午 12 时，向逃到钟鼓楼和楚王台附近的残敌发起猛攻，激战半小时，毙敌三百余人，俘敌四百余人。下午 3 时，古老的淮安城军旗飘扬，锣鼓喧天，军民共庆淮安大捷，宣告淮安解放。艰苦卓绝的八年抗战也随着宣告结束。

解放战场北战南征

秀水河子建头功　　1945 年 9 月，为了贯彻中央"向北发展，向南防御"的战略方针，赢得全国解放，四连（刘老庄连）随所在部队于 1945 年 10 月 3 日奉命从苏北淮安出发，挺进东北战场。1946 年 2 月，连队经过整训，斗志旺盛，迅即投入秀水河子歼灭战。随部队采取小分队穿插迂回战法，运用"三三制"疏散队形，由四面八方对敌人实施猛攻。此次歼灭战，四连（刘老庄连）和兄弟单位共歼敌四个营，毙敌 354 人，俘敌 119 人。秀水河子保卫战是我军在东北战场上反击国民党军的第一个歼灭战，战斗的胜利在军事上不仅打击了敌人嚣张气焰，而且取得了对付美械装备之敌的经验，锻炼了部队，为东北解放战争揭开了胜利的序幕。

保卫四平显神威　1946年4月，为配合党的政治谈判斗争，正在休整的四连（刘老庄连）所在团七旅十九团奉命配合兄弟部队阻击向四平进犯之敌，进行一次规模较大的城市防御战。四连（刘老庄连）随部加入了著名的四平保卫战的行列。泉头阻击战中四连（刘老庄连）担任全团先锋连，指战员们发扬敢打硬拼的战斗作风，夺下红堡山头，歼敌一个加强排，缴获六〇炮两门，机枪一挺，步枪二十余支。1946年10月，四连（刘老庄连）改编为东北民主联军第六纵队十六师第四十六团四连（刘老庄连）。1947年1月，焦家岭苦战昼夜，给敌以沉重打击。5月，四连（刘老庄连）又参加夏秋冬连续攻势，攻打四平，担负莲花街待机打援。奉命越二道河镇直插老母猪窝棚，掩护机关和医院转移，敌机在我前沿轮番轰炸，继而步兵冲锋，四连（刘老庄连）奋战终日，胜利完成了任务。

辽西会战逞英豪　1948年9月29日，我

△ 1946年，被国民党军炸毁的刘老庄烈士陵园砖塔

军发起辽沈战役。四连（刘老庄连）所在团担

负堵截增援锦州之敌廖耀湘新一军一部的任

务。10月24日，国民党军队以五个师的兵力，

在二百余门重炮和二百多架飞机的支援下，向

黑山、大虎山25公里弧形正面展开进攻。为了

拖住敌人，四连（刘老庄连）随部在收复彰武后，

以一日两夜 250 公里的强行军，通过北宁线。26 日凌晨，四连（刘老庄连）于北宁线之姚家窝棚与敌遭遇，二排为掩护团指挥所，与敌激战，毙敌数十人。次日晨，敌骑兵中队妄图从二排前沿夺路而过，四连（刘老庄连）在兄弟部队的配合下，把敌打得人仰马翻，全部就歼。战后，中共中央电贺辽西大捷，称赞这一胜利"对于全国战局贡献极大"。这次战斗又谱写了解放战争中一篇瑰丽的篇章。

南下作战扫敌顽　辽沈战役胜利后，四连（刘老庄连）隶属人民解放军一二七师三七九团二营，奉命随部执行"打进关去，解放华北"的作战任务。北平和平解放后，又随大军挥戈南下，在四十多天的长途行军中，全连士气高昂，纪律严明，秋毫无犯，无一减员，荣获"胜利南下"奖旗，并记大功一次，四、六、九班荣获"光荣班"称号，二班荣获"前进模范班"称号。1949 年 5 月，四连（刘老庄连）冒着黑夜奔袭黄岗，歼敌三十余人，缴获机枪四挺。奔袭广东佛冈之敌，迅猛深入敌阵，致敌重大伤亡。接着随部挥师粤桂边境，翻山越岭，历尽艰险，追击残敌，日程 180 里，一举攻克广西博白县城，配合兄弟部队活捉敌兵团司令张渝。1950 年初，四连（刘老庄连）又参加了解放海南的战役，5 月 1 日夜，四连官兵驾驶木船配合五连船队和兄弟单位一道，打败了敌军舰，把红旗插上了海南岛，创造了海战史上的奇迹。解放海南后，四连（刘老庄连）随部队于当年7月重返大陆，在合铺场地区执行剿匪任务，由于正确执行了军事打击和政治瓦解相结合的方针，除俘土匪九十余名，缴获步枪九十余支外，还迫使一百二十多人自首，交出各种武器四十余件。荣获"政策纪律两好连"。

和平时期人民卫士

砺练精兵勇夺冠　使命高于一切是四连（刘老庄连）官兵的一个鲜明特点。为了履行好我军的历史使命，四连（刘老庄连）官兵始终把以苦练精兵提高整体素质，作为不辱使命的重要保证。1952年，四连（刘老庄连）随部进驻茂名，开展"向文化大进军"活动。7月，重返海南，担负"保卫海南、建设海南"的光荣任务。并按照上级由"文化教育为主"转为"以军事训练为主"的指导思想狠抓军事训练，涌现出一大批军事训练尖子。1958年，在军事训练中，全连勤学苦练，成绩优异，海南军区授给射击优秀奖。1961年1月返回大陆。1962年，开展野营训练，指战员们吃大苦，耐大劳，圆满地完成了任务，广州军区为四连（刘老庄连）荣记集体三等功。

自卫还击扬威名　1978年12月，四连（刘老庄连）奉命参加中越边境自卫还击作战，全连指战员同仇敌忾，齐装满员，士气高昂，积极备战，坚决执行命令，按时到达集结地域，师授予"南下模范连"锦旗一面。1979年2月17日，在支马战斗中，全连指战员英勇顽强，力克敌5号阵地。25日，攻打禄平，经一天奋战，占领了禄平县城，两次战斗中，有十六名同志光荣献身，两名同志荣立二等功。在对越自卫还击作战中，四连指战员充分发扬八十二烈士生命不息、战斗不止的革命英雄主义精神和顽强的战斗作风，强战支马，首战告捷；英勇追击，继取禄平；固守阵地，阻敌反击。做到了攻必克，守必固，战必胜。3月10日，随部队撤回国境，4月21日随部队移驻中原。

勇挑重担锻铸铁拳

长江抗洪现本色　1998年夏天，长江、嫩江、松花江发生百年罕见的大洪水，人民财产安全受到严重威胁。8月17日，在长江第四次洪峰到来时，为落实江主席"严防死守"的指示，四连（刘老庄连）八十二名官兵随部到达长江最危险的地段武汉洪湖进行抢险。到达灾区后，四连（刘老庄连）官兵连夜出击，连续奋战 18 个小时，冒雨对长 800 米的大坝进行了修筑，平均每人挖掘、搬运沙石近千袋，战士的双手磨破了，鲜血染红了袋子，但仍然不停地在河堤上奔跑，他们心中只有一个念头，就是"早一分钟完成任务，人民群众就少一分钟受到威胁"。顽强的作风感染着地方领导和群众，他们含着泪对团领导说："让他们休息一下喝口水吧。这哪里是在干活啊，简直是在拼命！" 8 月 18 日凌晨 4 点多，大坝修筑完毕，官兵们顾不上饥饿、疲劳，裹着雨衣就在河边睡着了。5 点半左右，刚筑的大堤出现了管涌，如不及时加固就有垮堤的危险，全连官兵即刻又投入了"战斗"，地方领导和群众无不感慨地说："这个连队的官兵真是铁作风！"上级首长称赞四连"昔日是抗日尖刀，今天是抗洪尖刀"。四连(刘老庄连)被上级表彰为"抗洪抢险先进单位"。司务长高亮被军区表彰为优秀共产党员。

国庆受阅壮军威　1999 年，为展示新时期人民军队威武之师的光辉形象，根据上级命令，四连(刘老庄连)十一名官兵随部队参加了国庆五十周年首都阅兵。当时新装备刚配发部队不久，在一没技术、二没经验的情况下，受阅官兵发扬"硬骨头"精神，边学边干，加班加点训练。1999年七八月份，北京地区出现持续高温天气。机场地表温度达60度，车内、车体温度分别高达50度、70度，每天训练下来长筒坦克靴里都能倒出汗水。由于长期在烈日下曝晒，官兵脸被晒脱皮，90%左右的官兵患上了脚气，有的甚至患上静脉曲张，但没有一人叫苦叫累，他们以国家荣誉为重，以饱满的热情、高昂的士气奋战在训练一线。10月1日，他们在天安门前光荣地接受了党和人民的检阅，展示了威武之师的风采。班长郭广华、宋光辉因表现突出提升为干部。技术员付全印的事迹被《中央电视台军事频道》报道。

抗震救灾创佳绩　2008年四川汶川抗震救灾期间，四连先后出动兵力三千余人次，对九个自然村进行了援助。经认真统计，全连官兵共搬运救济粮134600千克；归整砖瓦611000块；归整木材1210立方米；搭建帐篷596顶、活动板房163间、简易房498间；

△ 参加2008年汶川地震抗震救灾的刘老庄连

清理危房 986 间；抢种抢收 83 亩；抢修道路
34.35 公里；运送各类救灾物资 243 吨；清理
废墟 11166 立方米；平整场地 17010 平方米；
帮助岷电公司架设电线、电缆 1200 米，8.6 吨。
清理各类贵重物品折合人民币 1300 余万元。
先后搬运医疗药品 60 箱，抬尸袋 2000 余个，
防疫药品 2160 箱，喷雾器 1240 个。修整各
类民用设施 60 余个，搬运过氧乙酸 20 余吨。
结合工作实际，专门组织人员在反复论证的
基础上，梳理了《拆除危房实施方法》，归纳
总结了"一观、二除、三挖、四推、五拆、六
拉、七清"的危房拆除七步法，在抗震救灾部

队推广。连队被上级表彰为"抗震救灾先进单位"，先后有十六名同志立功，五十五人受嘉奖，九名同志被上级表彰为先进个人。

打赢征途再铸辉煌

涉外演习勇当先锋 2004 年，为贯彻落实上级"四个紧紧扭住"的重要指示，展示部队信息化条件下联合作战能力，促进部队整体训练水平的提高，加强军事交流与合作。根据上级命令，四连（刘老庄连）随部参加了在某基地举行的"铁拳 –2004"涉外观摩演习。四连（刘老庄连）党支部一班人认真学习上级领导关于演习的指示精神，充分理解所担负的演习任务。担任主攻任务的四连（刘老庄连）全体官兵顽强拼搏、连续作战，动得快、打得准、破得开、突得进、攻得下，高标准完成了演习任务，展示了部队的新风貌，展示了国威、军威，受到观摩演习人员的高度评价。

联合军演砺练打赢 2005 年，是军队发展历史上具有里程碑意义的一年，也是四连（刘老庄连）发展历程极不平凡的一年。8 月份，四连（刘老庄连）随部队参加了在某地举行的中俄联合军事演习。演习中，四连（刘老庄连）官兵针对课题新、标准高的实际，自觉把联演作为部队信息化建设的实践平台，以强烈的历史使命感和责任感抓训练，叫响了"四连面前无困难，困难面前有四连"的口号。在"刘老庄连"连旗下立下了"战艰难、练精兵，联合军演当先锋；争第一、无闪失，再创铁军新辉煌"的铿锵誓言。战高温、斗酷暑，从严要求、从严训练，以良好的精神风貌、顽强的意志品质、过硬的战斗作风、精湛的技战术水平圆满完成了演习任务，受到了各级领导的高度赞扬。四连（刘老庄连）被上级表彰为演习先进单位，参演官兵六人立功，四十六人授嘉奖。

苏丹维和捍卫和平　2007 年 5 月至 2008 年 11 月，连队原指导员刘化、排长刘津昭等十三名官兵，参加了第一支警卫中队赴苏丹达尔富尔地区执行维和任务。官兵们牢记使命，发扬传统，先后圆满完成了安全警戒、施工执勤、运送物资等任务。维和部队司令部、行政长官办公区、过度营、飞机场、难民营、取水点、银行、通信公司、尼亚拉州政府、超级营区等都留下了他们的足迹。特别是在担任世界最大、最乱的难民营卡尔玛难民营和尼亚拉小学施工营地警戒任务中，表现出色。先后经历五次针对战区军事人员的武装劫持事件，官兵们始终牢记职责，正确处置，展示了中国军人的过硬素质和良好形象。十三名官兵中先后有三名同志立功，两名同志被表彰为功勋战士，八名同志受到上级通报表彰，全部被授予"和平勋章"。

历史不能忘记，开拓才有未来。在新的历史时期，"刘老庄连"的新一代，将高举八十二烈士用鲜血染红的战旗，发扬烈士们的革命英雄主义精神，在上级党委的正确领导下，为建设现代化的革命军队，为伟大祖国的富强和人民的幸福，一往无前，作出新的贡献。

→ 连徽与连歌

★★★★★

　　"刘老庄连"的连徽诠释了刘老庄连浴血奋战、满载荣誉的过去；诠释了刘老庄连全面建设、全面过硬的现在；更诠释了刘老庄连蓬勃发展、充满生机的未来！

　　徽章主要由四部分组成，分别为：中心红色部分、绿底色、金色麦穗以及外部红色圆环。连徽设计为圆形，寓意团结和谐的理念。

　　中心的红色表示"刘老庄连"的连旗是八十二烈士用鲜血染红的。数字"82"代表着刘老庄战斗中牺牲的八十二位先辈。尖刀图案代表刘老庄连是一支攻无不克、战无不胜的英雄连队。大写字母"V"是胜

△ 刘老庄连连徽正面、反面

利的意思，代表着刘老庄连是一个从胜利走向胜利的光荣集体。同时"V"与尖刀组合形成罗马数字"IV"，代表了"刘老庄连"在叶挺独立团的建制序列——四连。圆点和射线代表"刘老庄连"从组建以来，一代代官兵发扬传统，牢记使命，始终将刘老庄精神作为官兵"忠诚于党、服务人民、英勇善战"的动力，发扬光大，并无限延续下去。

底色设置为绿色象征着新生与和平。刘老庄战斗结束后，刘老庄人民又重新挑选了八十二名优秀子弟重新组建了刘老庄连，使连队得以重获新生，继续发展。和平是军人前行的方向，是军人永恒的使命，更是军人执著的追求。表示着刘老庄连全体官兵将谨记使命，时刻为世界的和平、祖国的统一、民族的安危保驾护航。

　　金色麦穗各由四十一瓣构成，共八十二瓣。麦穗象征人民劳动所得的果实，说明了刘老庄连是人民的军队。同时，金色麦穗是荣誉的象征，八十二瓣麦穗中的每一片小穗都代表了八十二烈士中的一位，代表了他们至高无上的

刘老庄连连歌

1=C

贺绿汀词曲

抗 日 救 亡 动 刀 枪， 战斗

在 淮 阴 的 刘 老 庄，八 十 二位 英雄

汉， 抗 击 千 余 敌 人 小 东 洋。

为 人民 战斗， 为 祖国 解放， 光荣的

刘 老 庄 连， 万 古 千 秋 美 名 传。

△ 刘老庄连连歌

荣耀，也说明了一代代刘老庄连官兵永远铭记他们，永远为他们骄傲和自豪。

外部红色圆环中除了注明叶挺独立团刘老庄连外，还标注了刘老庄连"生命不息，战斗不止"的连魂，刘老庄战斗发生的时间——1943 年，昭示着后人永远都不会忘记这场壮烈却又光荣的战斗。

故土情深

→ 永远为英雄哥哥守灵

★★★★★

（记李云鹏烈士之妹李爱云）

每一年的 3 月 18 日，无论是风和日丽，还是刮风下雨，在刘老庄八十二烈士陵园里，都会有一位老人来此看望长眠在那里的亲人，为烈士们送上献花，寄托无限哀思。她就是李云鹏烈士的妹妹——李爱云老人。

今年是李云鹏等八十二名烈士牺牲六十八周年。尽管那段血雨腥风的岁月早已远去，李爱云对英雄哥哥的敬仰和思念，却一点也没有淡薄。3 月 12 日下午，笔者来到李爱云老人家里采访。老人清瘦的面庞，戴副眼镜，慈眉善目，一进门就招呼着我们入座。谈起八十二烈士的英勇壮举，

△ 1955年，李云鹏父亲李梦祥（中）与淮阴县各界代表在烈士陵园门前留影

李爱云依然神情激动，双眼闪烁着泪光："刘老庄战斗是新四军与日寇发生的最惨烈的一场恶战。他们用鲜血和生命谱写了一曲中华民族威武不屈的悲壮战歌，为中国人民抗日斗争史留下了一首动人心魄的英雄史诗。"伴随着李爱云老人的讲述，我们的思绪回到了那难以忘怀的烽火岁月中……

"我几乎是听着大哥的故事长大的。"李爱云记得小时候，每年一到3月18日刘老庄战斗的纪念日，父亲便会带着她从沛县赶到刘老庄，为大哥扫墓，自言自语地和大哥说说话。

而每年过年，县里就有人到家里来慰问，送光荣匾。李爱云说："为了纪念大哥，父亲给我们兄弟姐妹五个全改了名，每个人的名字里都有个'云'字。"而她的爱云，则是敬爱云鹏之意。"家里兄妹六人，他是老大，我是最小的，他牺牲时我还没有出生。"尽管李爱云从未见过大哥李云鹏，却时常听父亲提起。"他是父亲一生中最大的骄傲，也是我一生中最大的骄傲。"1975年父亲李梦祥去世时，对女儿唯一的嘱托是："每年3月18日别忘记去看看你大哥。""过去我一个人去，后来我们全家三口每年3月18日都去。"

1969年，知青上山下乡运动开始，因为刘老庄是李云鹏烈士曾经洒下热血的地方，怀着对英雄哥哥无比敬仰之情，年仅21岁的李爱云，只身从老家徐州沛县来淮阴县刘老庄插队，从此扎根在了这片土地上。她永远也不会忘记，那年，清明节前，年迈的父亲亲自送她来到刘老庄插队落户，并一起到哥哥长眠的烈士陵园献花、祭扫。看到失子之痛的父亲哭得几乎晕厥，她也哭成了泪人。父亲最后抽泣着对她说："你就留在这里吧，以后我会常来看你和大哥的。"

在刘老庄插队期间，不事张扬的李爱云一直住在村里五保户破旧不堪的房子里，吃的是酸菜、稀饭，与其他知青一样劳动。她虽然身单体薄，却专门挑重活累活干，白天辛苦了一天，晚上还积极参加民兵活动，不叫一声苦，不喊一声累，用她的话说："哥哥在这儿把命献给了党，我吃点苦又算得了什么？"她一直没有炫耀自己的特殊身份，默默无闻地过着平凡的生活，放弃了上级推荐她上名牌大学和安排工作的好机会。后来，经人介绍，李爱云与本地一名普通工人结了婚。1999年，当得知县政府要筹资扩建八十二烈士纪念馆时，李爱云夫妻俩把家中仅有的1000元捐给了政府。那个时候，他们夫妻俩一个月拿不到1000元工资。在生活上，她为人正直，甘守清贫，处处以烈士家属的身份严格要求自己，从不向组织上提任何要求，一直过着普通人的生活，直至2002年退休。2009年9月，刘老庄连成功入选"100位为新中国成立作出突出贡献的英雄模范人物"；刘老庄连八十二名烈士被评为"为新中国成立作出突出贡献的江苏英雄模范人物"，李爱云均作为代表出席了表彰大会。

如今一晃四十多年过去了，李爱云已成了名副其实的淮阴人。她说，她从大哥等无数烈士身上感悟最深的，是淡泊名利、无私奉献，是一身正气、胸怀坦荡。她没忘记父亲临终前的话，会一直在这片土地上永远为大哥守灵，无怨无悔陪伴大哥一辈子。

➡ 刘老庄八十二烈士陵园

★★★★★

淮阴刘老庄八十二烈士陵园坐落于淮安市淮阴区刘老庄乡境内，占地 147 亩，绿化覆盖率达 75%，内有八十二烈士墓、八十二烈士纪念馆、八十二烈士纪念碑及壮志亭、八十二棵青松等纪念设施。1996 年批准为省级文物保护单位，省级爱国主义教育基地、德育基地，全民国防教育基地；淮安市党员教育基地。2005 年被列为江苏省红色旅游景点，每年接待参观者达十万人次以上。

1943 年 3 月 18 日，新四军三师七旅

△ 刘老庄八十二烈士陵园正门

十九团二营四连八十二位勇士在淮阴刘老庄英
勇抗击千余名日伪军，激战竟日，终因寡不敌
众全部殉国。战斗结束后，淮阴人民满含热泪
收殓了烈士的忠骸。三日后，淮阴县党政机关
和人民群众举行了公葬仪式，奉安了烈士的英
灵，堆起了一座三丈高的大墓，墓碑上刻着"新
四军三师七旅十九团四连八十二烈士公墓"。
1946 年重建烈士墓，墓身系砖质结构，同时，
兴建了烈士陵园。陵园四角建有台阁，园中建
了"壮志亭"、纪念堂，并栽上了松柏和杨柳，
苏皖边区政府主席李一氓题写墓铭"八十二烈

士墓"，并题赠挽联"由陕西到苏北敌后英名传八路，从拂晓达黄昏全连苦战殉刘庄"，还撰写了碑记。新四军三师师长黄克诚题词："英勇战斗，壮烈牺牲，军人模范，民族光荣。"副师长张爱萍题词："八二烈士，抗敌三千，以少胜众，美名万古传。"

六十多年来，八十二烈士墓历经沧桑。1947年5月，国民党军队六十五师一个连和一个"还乡团"百余人，为构筑据点炮楼，先拆掉陵园四角台阁、纪念碑亭、六间纪念堂，又毁坏烈士墓。直到1955年，中共淮阴县委、县人民政府又重建了烈士墓，墓身坐东朝西，墓体用钢筋水泥浇铸，呈塔状，高8.2米，寓八十二名烈士，墓碑正面上嵌红色五角星，洁白大理石上雕刻着李一氓同志题字"淮阴八十二烈士墓"，南北两面分别镶有大理石雕刻的黄克诚、张爱萍同志的题词。墓前十级台阶左右两侧各立石狮一尊，定名为"八十二烈士陵园"。1956年成立了陵园管理处。陵园占地5.3万多平方米（约80亩）。几年之间，进一步完善了陵园的建筑设施，四周建起了围墙，拱形的大门坐北朝南，门楣上横书"八十二烈士陵园"七个大字，大门两侧是李一氓同志当年题赠的挽联。园内栽植了雪松、水杉、龙柏和各种花草，花木掩映，松柏葱苍，四季常青，庄严秀丽。

在烈士墓北侧约五十米的地方修有壮志碑亭，碑亭沿袭

△ 1955年修建的八十二烈士纪念碑，李一氓题写碑名

我国传统的八角形建筑风格，显得格外古朴典
雅、庄重肃穆。碑亭中间竖立一块硕大黑色墓
碑，碑的正面是当年任淮阴县县长的陈书同题
写的隶书"八十二烈士碑"六个字，背面镌刻
着李一氓撰写的"淮阴八十二烈士墓碑记"，碑
文沉痛地追述了当年惊心动魄的悲壮场景，高

度赞扬八十二烈士不怕牺牲、顽强战斗、痛歼
日寇、视死如归的革命英雄主义精神，感情诚
挚，如诉如泣，荡气回肠。与烈士墓相对的有
烈士祠，祠内陈列着白思才、李云鹏的画像和
烈士的遗物及战斗的有关资料；朱德总司令、
陈毅元帅赞扬刘老庄战斗的文章节录；师、旅
司令部、政治部授予四连的锦旗；"刘老庄连"

△ 1984年，淮阴县委重建八十二烈士纪念碑，张爱萍题写碑名。

及所在部队、地方各级机关、学校、工厂、社会团体、各界知名人士和人民群众赠送的挽联。

为颂扬烈士们的不朽精神，在纪念烈士牺牲十五周年时，园内栽上了八十二棵翠绿挺拔的青松。这八十二棵青松，不仅寓意了八十二烈士精神万古长青，更为怀念他们的人们留下了极富传奇色彩的记忆。据当地的群众讲，刘老庄战斗虽然已经结束，但八十二烈士的英灵永远庇佑着生活在这块土地上的人民。每年的 3 月 18 日，当地的群众仿佛又听到刘老庄村断头沟（八十二烈士牺牲地）方向炮声隆隆，杀声阵阵，仿佛又听到我八十二位勇士震天动地的杀敌声，回荡苍穹，经久不息。

1984 年 3 月，八十二烈士陵园正门重新修建，具有我国民族特色，融古今建筑艺术为一体的大门，气势雄伟，肃穆庄严。1991 年 6 月，中共淮阴县委、县人民政府呈请中共江苏省委、省人民政府批准，建造八十二烈士纪念碑，纪念碑位于陵园北部，与壮志亭、陵园正门成一线，主体高 19.43 米，形似两支钢枪架立，与大理石底座构成"八二"字样，原新四军三师副师长张爱萍题写碑铭："八十二烈士纪念碑。"四周共三个平台，各有十八级台阶。整个工程于烈士殉国五十周年前夕全部竣工。

半个多世纪过去了，淮阴人民时刻都在缅怀先烈们的光辉业绩。每逢烈士们牺牲的这一天，淮安市、县党政机关、群众团体、部队学校和广大人民群众都会来到刘老庄八十二烈士墓，回首当年的战斗，祭奠不朽的英灵。为充分挖掘这段红色历史，弘扬八十二烈士精神，淮阴县委专门成立了"八十二烈士"研究机构，通过专访、

▷中共苏北区淮阴地方工作委员会为八十二烈士题写的挽联

这一战史是中华人民英勇反帝的典型很帝国主义知道中国不可轻侮

此笔血债使淮海儿女追忆抗日之惨痛对武装日本戳破美帝光恶用心

中共苏北区淮阴地方工作委员会敬挽

▷中国共产党淮阴县委员会为八十二烈士题写的挽联

八二烈士永垂中华抗击顽敌为国捐躯浩气凌云冲霄汉

继往开来献身四化振奋精神奋发图强不愧绘宏图

中国共产党淮阴县委员会

058

搜集、整理、查档，积累和收藏了大量珍贵的文字和图片资料，征集到大量社会各界团体、名人贤达的挽幛、挽联和题字诗词。尤其是由著名作曲家贺绿汀创作的《刘老庄连连歌》，慷慨激越，威武雄壮，留给了人们永久的回忆和心灵的震撼。由南京有线广播电视台和中共淮阴县委联合摄制的《浴血刘老庄》电视剧，真实、生动地再现了当年的战斗场面，表现了八十二烈士英勇不屈、顽强战斗、视死如归、壮烈殉国的不朽精神，在全社会引起了强烈反响，并迅速转化成为广大人民群众牢记历史、展望未来、奋力拼搏、建设家园的巨大动力。

2005 年 6 月 7 日，《人民日报》将"刘老庄连"列入《永远的丰碑——抗日英雄谱》。2009 年，全国"双百"和省"双五十"评选揭晓，"刘老庄连"光荣入选"100 位为新中国成立作出突出贡献的英雄模范人物和 100 位新中国成立以来感动中国人物"和江苏省"50 位为新中国成立作出突出贡献的江苏英雄模范人物和 50 位新中国成立以来感动江苏人物"。"刘老庄连"是全国人民的骄傲，更是淮阴加快发展的宝贵资源和珍贵财富，为此，淮阴区委、区政府决定利用这独特的品牌和资源优势，在全社会大力弘扬八十二烈士英雄事迹和崇尚爱国主义精神，努力营造浓郁的爱国主义氛围，使爱国主义思想成为全社会的主旋律。2013 年是八十二烈士壮烈殉国七十周年纪念日，淮阴区委、区政府抓住这一契机，投入巨资，对陵园重新改扩建。陵区改扩建工程的总设计师为中科院院士、东南大学建筑设计院齐康教授，总体建筑按国家 4A 级红色旅游景点、国家级烈士陵园标准设计，同时增设红星广场、碑廊和无名烈士墓区、淮阴名人墓林等设施，主体建筑占地面积达 98000 平方米。改扩建后的八十二烈士纪念馆并相关碑廊、纪念碑以及附属设施与其他建筑相对独立，以围栏相隔。重点改建项目八十二烈士纪念馆上尖下阔，呈"金字塔"外形，选用玻璃幕墙，建筑面积 3000 平方米，内设展览区、多功能区、办公区、资料储藏区。多功能区面积 150 平方米，可举行报告会和影视展，届时将全集播放电视剧《浴血刘老庄》。烈士纪念馆北侧新建的碑廊，拓刻朱德总司令和新四军高级将领陈毅、黄克诚、张爱萍、彭明治等领导人的题词以及部分当时淮海区领导、社会名流的挽辞。纪念塔正面朝南，以粗壮廊柱为创意，雕刻烈士头像和已搜寻到的烈士英名。改扩建后的陵园庄严肃穆，大气磅礴，园内绿荫覆盖，溪水流淌，景天一色，蔚为壮观。

纪念园南面为新四军红星广场，占地 18600 平方米，广场东侧为"刘皮街阻击战"纪念亭，整个广场可供万人集会或举行大型公益活动，亦可作为村民休闲广场，与红星广场相对应的是西侧张芳久烈士纪念碑和淮阴名人墓林、淮阴散葬烈士集中安葬区以及淮阴党史陈列室，作为刘老庄连纪念园的延伸性建筑，增加了更加厚重的历史承载，并形成渐次递进的格局，促进了整体建筑的和谐构建，极具壮美的观瞻特征。

焕然一新的八十二烈士陵园，展现了中国共产党领导下的人民军队在敌后浴血抗战的光辉典范，昭示着抗日烈士的革命精神，永远感召革命事业的后来人：生要为建设社会主义祖国而奋斗；死要为实现崇高的革命理想而献身！

⟶ 刘老庄，洒满热血的故土

★★★★★

刘老庄地处苏北平原，淮安市淮阴区西北角约25公里处，就是这么一个在中华人民共和国版图上几乎找不到的地方，却因为六十八年前的一场敌强我弱的拼死较量而闻名华夏，给世人留下了一段可歌可泣、荡气回肠的英雄故事。

六十八年前，1943年3月18日，新四军某团二营四连八十二名指战员，为保护人民群众的生命财产安全和党政机关安全转移，与一千多名侵华日军拼死血战，在毙伤敌一百七十余名后，终因弹尽援绝，全部壮烈殉国，永远地长眠在这片绿色的田野上。他们的热血染红了刘老庄这片土地，他们的悲壮事迹，被朱德总司令誉为"我军指战员英雄主义的最高表现"。

六十八年过去了，烈士们的身影没有因岁月流逝而远离刘老庄这片热土。每年3月18日，刘老庄乡的党员、干群都会自发地来到烈士墓前，缅怀他们的光辉业绩，祭奠他们的崇高灵魂。

刘老庄乡方圆62平方公里，总人口25633人。改革开放前，全乡工农业生产总值138万元，农民人均纯收入69元，排在全区最末的位置上。其间，刘老庄这个革命老区，虽然因刘老庄战斗而被世人瞩目，但贫穷和落后与刘老庄人如影随形。如何能够脱贫致富？如何能够实现先烈们的殷切期盼？刘老庄人坚持不懈地追寻着。

1994年，省委实施对苏北的扶贫发展战略，刘老庄被列入其中。2005 年底，刘老庄再次被省委列入重点扶持乡镇，全乡有九个村被列入省重点扶贫村，省政府办公厅直接挂钩刘老庄乡扶贫，老区终于迎来了前所未有的快速发展时期，从 2005 年到 2008 年，全乡财政收入四年增长了 7.9 倍；同样是从 2005 年到 2008 年，刘老庄的农民人均纯收入增长了 95.8%。刘老庄人牢牢抓住机遇，全力打造红色刘老庄、金色刘老庄和绿色刘老庄。

从挖掘红色资源入手，宣传和发扬红色精神，进一步发挥红色效应，全力展示"红色刘老庄"。

刘老庄这块土地经历过我国各个历史时期的革命风暴，具有十分丰富的红色资源。早在 20 世纪 20 年代，这里就有中国共产党的早期活动，吴觉、宋振鼎等人，秘密地开展党的活动，组织、宣传和发动当地群众联合起来，打击国民党反动政权，使党组织不断壮大，为以后的进一步斗争打下了坚实的群众基础。抗日战争爆发后，在党的领导下，淮阴各地组织群众建立抗日民主政权和民众抗日武装，带领抗日义勇队，采用各种战术，打击敌人，有力地遏制了日军的进攻，粉碎了日军对淮海抗日根据地的进攻，极大地保护了广大人民的生命财产安全，其间涌现出了一批不怕牺牲、勇敢顽强的英雄人物和模范事迹，特别是名震淮海、誉满淮阴的"周家三只虎，苏家两条龙"以及他们带领的抗日游击武装，英勇机智，战绩显著。他们以顽强的斗志，灵活的战法，书写着淮海大地上的历史传奇，成为淮阴革命史上血肉丰满、生动翔实的传奇人物。1943年3月18日的刘老庄战斗，新四军三师七旅十九团二营四连的八十二名指战员，充分发扬我军不怕牺牲的光荣传统，与武装到了牙齿的一千余名日本法西斯展开殊死搏斗，最后全部壮烈牺牲，谱写了一曲中华儿女不畏强暴、抗击外侮、视死如归的英雄赞歌。解放战争期间，为粉碎国民党反动派对苏北解放区的进攻，掩护新四军六师、七师、十纵和地方党政军领导机关的安全转移，策应涟水战役，驻扎在刘皮街（刘老庄所在地）的新四军七师十九旅五十六团三营七连一百四十二名指战员和国民党王牌七十四师、第七军所部的四个团四千余人展开激战，一天里打退敌人多次冲锋，始终坚守阵地，直至战到最后一人，除机枪班班长费祥洲受重伤被群众救起外，其余全部英勇献身。他们的热血再一次洒在了刘老庄这片土地上，为这片红色的土地增添了一笔重彩，使得刘老庄的革命历史更为丰富。

站在时代发展的高度，发生在刘老庄这块土地上的英雄壮举，已经远远地超越了当年的历史价值，作为极其宝贵的精神财富，更是中国人民英勇不屈、不怕牺牲的革命精神的生动体现，是中华民族生命不息、战斗不止的坚定意志的充分展示。大力宣传八十二烈士精神具有现实意义，可以使人从中得到心灵的震撼，从而激发起爱国主义情怀与努力工作、回报社会的强烈意愿。

　　在刘老庄连 2009 年入选全国"双百"以来，慕名前来瞻仰的人越来越多。因此，提升刘老庄烈士陵园的品位，扩大烈士陵园的影响，不仅是时代发展的需要，更是发挥红色效应、打造红色品牌的需要。

　　发挥红色效应，首先要确立"新四军刘老庄连纪念园"这个品牌。作为全国"双百"人物、省"双五十"人物之一的刘老庄连，代表的是在中国共产党领导下的一支英勇善战、功昭千秋的人民武装——新四军，仅把它冠以"八十二烈士陵园"缺乏代表性，也很难体现刘老庄战斗所产生的深远影响，因此，经过专家学者的论证，将原来的"刘老庄八十二烈士陵园"更名为"新四军刘老庄连纪念园"。其次，站在历史的高度，着眼未来的发展，提高纪念园的瞻仰和观赏品位，是发挥红色效应、创新红色品牌的一项中心内容，为此，刘老庄乡党委经过深入调研，广泛征求群众意见，并报上级领导同意，决定对陵园进行彻底改建，并按国家级爱国主义教育基地的标准，更新纪念园的设计理念，扩大纪念园的建设规模，提高纪念园的建设档次，并按国家4A级红色旅游景区的标准，突出景区的整体定位和功能配套衔接，使之更能够符合瞻仰者庄严的审美要求和崇敬的心理需要。新的规划中增加了更多的红色文化元素，如烈士碑廊石刻、无名烈士墓园、淮阴革命先驱墓林以及部分新征集的烈士史料和淮阴革命斗争史资料，红星广场以及诸多的题字、挽联、挽幛、诗词等，使纪念园的馆藏更为丰富，史料更加翔实，史实更为生动，教育意义更加突出。重建纪念园可以更好地宣传刘老庄，弘扬烈士精神，继承先烈的光荣传统，从而鼓舞刘老庄乡的广大干群扎根这片土壤，努力推动社会主义物质文明、精神文明建设，促进全乡乃至全社会经济建设的加速发展和社会各项事业的快速进步。

刘老庄的建设与发展，得到了越来越多人的关心和重视，中共中央书记处书记、中央组织部部长李源潮同志就曾亲临刘老庄，瞻仰烈士，视察民情，指导发展；淮安市委书记刘永忠同志把办公现场搬到新四军刘老庄连纪念园，亲手绘制刘老庄的发展蓝图；淮阴区委书记刘学军提出了"优先建设革命老区，推动全区经济快速发展"的宏伟战略，并定期到刘老庄乡予以督促与指导。还有更多的人为刘老庄的发展与进步提供信息、项目以及资金上的支持。特别是省、市委相关部门直接帮扶到村、组、户，这都更加有力地推动着刘老庄的快速发展。

以发展经济为先导，增强和提高造血功能，促进社会事业的快速发展，全力打造"金色刘老庄"。

几十年来，刘老庄乡当地群众从事着传统的耕作模式，以农为主，靠天吃饭，向天要粮的思想根深蒂固，以至于解放几十年，广大老百姓的衣食住行没有得到根本好转。改革开放后，刘老庄人感受到了前所未有的巨大压力和挑战。他们开始解放思想，改变观念，实现产业结构的调整，紧紧围绕大开放、大招商、大建设、大发展，以招商引资为有力抓手，以工业强乡为主要目标，大胆探索、大胆实践、大胆突破，终于使过去一穷二白的苏北穷乡有了突破性的大发展。从2005年至2009年底，刘老庄乡成功引进10亿元以上的工业项目一个，亿元以上的工业项目三个，投资3000万元以上的工业项目八个，吸引外资800万美元，总共完成全社会固定资产投资31983万元，实现工业总产值24910万元，规模以上企业总产值12786万元，实现利税3765万元，实现乡财政收入1140万元，农民人均纯收入迅速提高到5860元。

在发展经济的同时，刘老庄乡党委、政府把改善与发展社会事业放在了重要位置，为老百姓创造更好的社会环境。

首先，加强城镇建设力度，推进商业集散功能。2010年初，刘老庄乡党委、政府本着高标准设计、高水平建设、高效能配套的原则，聘请南京大学规划设计院的专家为刘老庄制定了一套科学、翔实、合理的集镇建设规划方案，结合城镇建设"六个一工程"的具体要求，采取政府统一组织、社会资本介入、市场化运作相协调的操作模式，迅速掀起集镇建设的新高潮。仅一年多时间，已累计投入1100余万元。新建成"L"形商业街一条，开发商业店铺90余间，完成主要街道的水、电、路、灯等配套设施建设，增加了亮化、环境保护、交通运输等一系列必要设施，吸引了一大批农民实现由农到商的转变，繁荣了市场，活跃了经济，加快了集散，激活了流通，

△ 2010年3月，新四军刘老庄纪念园举行改扩建工程奠基仪式。

使乡镇经济走上了良性的轨道。

其次，以建设刘老庄红色家园为先导，带动全乡中心村建设的迅速跟进。刘老庄红色家园项目落户在"新四军刘老庄连纪念园"一侧，规划建筑城市化住宅楼十万平方米，可入住八百户以上。该地点区域优势明显，地理位置独特，环境清静优美，交通四通八达，商业网点集中。项目实施后立刻引来关注，周边群众竞相购买。与之相应的郑河村的中心村建设也已初具规模。该村一百余户居民已经入住新建的公寓式楼房，村前的农民休闲广场景色宜人，购物一条街产品丰富，广大农民除去农忙，其余时间均开展各类文体活动，老人、孩子各得其乐，生活过得十分舒心。中心村的建设，缩小了城乡之间的差别，提高了农村生活的品位，展现了新农村建设的美丽前景，也激发了人们快速建设社会主义新农村的强烈愿望。

近几年来，刘老庄人坚持把培养"有理想、有文化、有道德"的人才作为重点工程予以抓紧抓好，集中财力、人力、物力，改善教育教学环境，投资100万元新建了中心小学幼儿园教学楼、中学教学楼、实验楼、学生宿舍、师生餐厅以及体育运动场所，添置了一批新型的体育运动器材，整治了学校周围的环境，提了教学质量，使刘老庄中小学的教育教学水平在全区中小学中一直处于领先地位，每年都有一批品学兼优的学生走出校园，走上各种岗位，为全社会的经济建设作出一份贡献。

村村有"农家书屋"，户户提倡学用科技，目前已经成为刘老庄乡一道十分亮丽的风景。为了丰富农民群众的文化生活，为农民科学种田提供重要的精神食粮，刘老庄乡率先在各个村建立"农家书屋"，存书五万余册，内容包括养殖、种植、防治、管理等实用技能以及市场信息、防病养老、交通运输、文化教育等各个领域，以满足广大人民群众日益增长的精神文化需求。通过科学技术引路、市场调节，农民在家知天下，从中获取了大量的实惠。现在的刘老庄乡社会风气焕然一新，到处呈现出一派安定团结、人心向上、崇尚美德的崭新面貌。

刘老庄乡的医疗卫生和社会保障事业也有了长足的进步。新型农村合作医疗保险的参保率达98%以上，每村分别设立卫生服务社区，确保群众小病不出社区，大病不出乡，重、急病能得到及时快速救治。乡计生服务中心每年为全乡育龄妇女进行免费检查，很好地达到了无病预防、有病治疗的目的，同时也有效地降低了计划外人口出生比例，实现了全乡计划生育目标。别墅式敬老院收住全乡集中供养孤寡老人104名，分散供养75人，敬老院设施齐全，院内环境清静、整洁、优雅、舒适，政府每年从财政预算中拨出20万资金，提升软硬件水平，确保老人生活、健康、治病的要求，让他们可以安享晚年。

刘老庄乡一直有拥军的传统。驻扎在洛阳的某师"刘老庄连"，是以八十二烈士牺牲地命名的连队，这支连队高举烈士的旗帜，传承先烈们的血脉，从抗日战场转战东北的白山黑水，从广袤的苏北大地转战到南国海疆，以不朽的战绩再写壮丽的篇章。解放后，"刘老庄连"在大兴安岭火灾、抗洪抢险、湖南雪灾、四川大地震等自然灾害面前，发扬我军"一不怕苦，二不怕死"的优良作风，英勇奋战，取得了一次又一次的胜利。刘老庄连的官兵们没有忘记先辈们拼洒热血的土地，每年的3月18日，他们都要来刘老庄看望他们的战友，缅怀先辈们的光辉业绩，他们也走进刘老庄的百姓家访贫问苦、扶困济危，把人民军队爱人民化作了实际行动。广大乡亲们纷纷拿出家里最珍贵的礼物，献给自己的亲人。每年，刘老庄乡党委也都会组织和带领群众走进军营，看望自己的子弟兵，并且给这支英雄的连队送去家乡最优秀的大学生子弟，这些有知识、有志向的青年，背负着两万多刘老庄人民的殷切期望，背负着烈士们的深深嘱托，怀揣着保卫国防、报效祖国的崇高理想，去承担光荣而又神圣的使命。

以科学发展观为行动指南，推动和实现农副业生产方式的转变，全面实施节能环保工程，努力创造"绿色刘老庄"。

刘老庄乡共有4.5万亩耕地，一条南北贯通的三干渠将其一分为二，地势平坦，土壤肥沃，水系发达，植被茂盛，是苏北平原上的一个天然粮仓，也是淮阴区的重要粮食生产基地。改革开放以前，落后的生产方式和传统的种植模式，使得这里的群众过着身无御寒衣、家无隔夜粮的穷苦生活。

十一届三中全会后，刘老庄乡实行了土地联产承包责任制，分得土地的农民转变种植观念，不断扩大旱涝保收的耕地种植面积。仅旱改水的面积就由原来的 5000 余亩一下子就扩大到 25000 余亩。通过改良品种，科学管理，粮食单产逐年攀高。粮食总产量是联产承包责任制前的好几倍，广大农民兴高采烈地向国家上交数百万斤余粮。获得丰收的农民并没有因此而满足，他们抓住扶贫工作的良机，进行中低产田改造和沟渠河网的功能设施配套工程，先后投资 3000 余万元，修建防渗渠 70 公里，田间水泥路 35 公里，配套桥、涵、闸、坝 270 个，整治废弃河塘 70 个，扩大水面积 210 亩，全乡中低产田改造和废弃荒地复垦 60 亩，植树造林 7.5 万棵，与此同时，购进各类农业生产机械 350 台 (套)，彻底迈向了现代化农业的光明之路。

为了使刘老庄乡的天更蓝，水更绿，田更青，促进绿色刘老庄的崛起，刘老庄乡党委、政府通过引进科学技术，推广实用科技和改善种植结构，大力扶持无公害、无污染、低排放农业。他们从无公害做起，首先坚决杜绝农药、化肥的大面积使用，采取深翻套作，反转灭茬的先进种植技术，提高土壤的有机质含量，采用提前预防，防治根本的方法以减少农药的用量，保证农产品的质量。以刘老庄为名注册的蛋、禽、肉、大米、杂粮等绿色农产品，走俏市场，深受广大消费者的厚爱。"刘老庄牌"草鸡蛋现今已成了江苏省著名品牌，刘老庄君泰食品厂年屠宰加工一千多万只肉鸭，已经成为淮安市农业龙头企业。刘老庄高效农业的发展在淮安市乃至全省都占有了一席之地。

此外，刘老庄乡大力推进现代灌溉技术，上马井喷灌溉项目，既节约水源，又净化环境，还降低成本，提高了效益。

2001年以来，刘老庄乡党委、政府审时度势，因地制宜，提出了保证粮食生产，优化产业结构，瞄准市场需要，做好高效农业，引导农户从单一的粮食生产逐步走向规模化养殖、加工的经营性轨道，在传统养殖业的基础上大力发展"公司＋农户"的生产模式，开发优良种猪养殖发展基地，建造标准化猪舍3200余间，年育苗猪 1.5 万头以上，年出栏生猪 100 头以上，农户达 40 余户，全乡年累计出栏生猪 3.6 万头，建立肉鸭大型养殖基地一座，新建大棚式鸭舍 480 亩，年出栏肉鸭 300 万只，发展饲养肉鸡大户 60 余户，建鸡舍 380 余间，年出栏肉鸡 40 万只。新建家禽加工厂一座，年加工禽类产品 1.2 万吨，产品大部分走上了城市居民的餐桌。利用有利条件扩大反季节蔬菜的种植，是刘老庄人的又一经济增长方式，精明的刘老庄人抓住城镇居民的需求，积极扩大大棚蔬菜的规模，发展钢架大棚 2200 亩，日光能蔬菜大棚 300 亩，无论春夏秋冬，各类农副产品都能批量供应，每亩上千甚至数千元的收成，鼓起了老百姓的钱袋子。

改革开放给广大人民群众带来了幸福的生活，经济社会的巨大进步，彻底改变了老百姓的衣食住行。他们正迈开喜气洋洋的步伐，跨入现代化生活的行列。富裕起来的刘老庄人有 8% 拥有了自己的汽车，90% 装上了电话，50% 装上了有线电视，13% 使用电脑网络，70% 的农户用了液化气和沼气，户户用上自来水，老人们赶集骑上了电动车，农作物的收与种全部实现了机械化。全乡还有近 10% 的剩余劳动力走进了村里办起的工厂。他们凭着自己的辛勤劳动和不断追求，告别了贫穷，实现了富裕。

岁月如梭，几十年过去了，刘老庄，这片曾经被英雄鲜血染红的土地，正在小康之路上后发争先，加速崛起。勤劳的刘老庄人正在用自己勤劳的双手描绘着"红色刘老庄，金色刘老庄，绿色刘老庄"光辉灿烂的明天。

血色记忆

⊙→ 壮烈的四连

★★★★★

（记刘老庄战斗）

今春敌万余大举"扫荡"苏北盐阜区，和我新四军驻在淮海区的十九团（胡大队）一个连，在淮海区的刘老庄地方打了一仗，我军的战斗精神使敌军闻之丧胆。

那是 3 月 18 日，队伍走了一夜，带着战时的行装，天没亮的时候，便进入宿营地刘老庄。连长已经睡熟了，忽然带哨的班长匆匆跑来喊醒连长，报告南庄的老百姓跑反了，据说敌人到了前面五里地的地方。连长和政委马上起来，派通讯员传各排起来，收拾好东西到庄子后集合。站到庄前哨位上，可以模糊地看到老百姓在田野里慌乱地跑着，有的拉着牲口，有的带着包袱、抱着小孩，惊慌失措、踉踉跄跄地向北跑来。敌人的枪声在不远处像挑衅似的断续地叫着，也像在搜索着什么似的缓缓地逼了过来。

连长叫收了哨，集合起队伍向西北走。

天刚放亮，晓风是凉凉的，把大家的倦意吹走了，也带来了战斗的警惕。战士们的身姿是矫健的，步伐是沉着的，每个人都表现出和指挥员一样的习惯，一样的镇静，一样有战斗到底的决心！

出了庄子，一条交通沟，又宽又深地向西蜿蜒伸展着。队伍都下了沟，走着走着，忽然从西南方向岔过来一股骑兵，一匹、二匹、十匹……向着这个方向奔来。一定是发现我们了，连长边想边叫大家快走，脱开敌人的拦击。忽然，前面的尖兵停住了，班长跑回来向连长报告："交通沟是断截的，走不通了！"连长皱了皱眉头，烦躁地把驳壳枪掏了出来，叫大家准备好武器，突围！

敌人的骑兵跑到了距离50米的地方，连长的驳壳枪先打响了，接着掷了几个手榴弹。先头的十来个骑兵落了马。连长带领着战士们爬上了交通沟准备突围。但敌人的大队骑兵蜂拥着冲了上来。附近没有庄子，没有树林，没有坟堆，没处隐身，又不得不退回到交通沟里来。在猛烈的机枪火力下，敌骑兵又被打退了，这时敌人后续的步兵也增援上来。

身经百战的白连长看到这种情形，突围是困难的，只有拼吧！坚决地下达了战斗命令，叫各排长督促大家选好地形，上起刺刀，坚持到底！

敌人扑过来了，像一片黑惨惨的乌云压了过来，战士们心中微微泛起一阵惊慌，但在干部和党员们坚定的模范的影响下，很快就恢复到往常的镇静，机枪架好了，手榴弹打开了，枪瞄准了，在攻击的号令下，敌人又被打退了，像黄狗一般的死尸堆满了田野。

敌人接连着冲了六次，被打垮了六次。敌指挥官知道这样硬攻是不行的，经过一刻恼怒的焦虑后大声地吩咐着：距交通沟一里路的地方架好炮，半里路处架好掷弹筒与机关枪。

战斗停止了一刻，只是短暂的一刻，接着枪炮声大作，枪炮弹像一阵猛烈的暴风雨似的降落在我军的阵地上，指战员们伤亡很大，弹药也更少了，凭借着作战的沟崖也逐渐地被炮火摧平了。

战士们的血沸腾着，对敌人的仇恨也随着敌人的狂暴而增长着。在敌人的凶猛的火力下，连抬一下头都是不容易的，但战士们仍尽量利用一切可能寻找着稍好的地形，不放松打击敌人的机会。

敌人看这边沟已快被打平，对方已很少打枪，静默地看不到动静，于是得意扬扬地纠合起一群冲了过来，上起刺刀准备来打扫战场，收集胜利品。

天是晌午的时候了，代替了枪炮声的太阳暖和的光线闪耀着，给战士们一点清新的感觉。在敌人炮火下剩下的一个排，与敌人从数量上比起来是差得那样远，但看着死了的战友，同志们含着夺眶欲出的眼泪，把刺刀上起来与冲上来的敌人作最后搏斗。敌人又是一批一批地被打倒了，而四连英勇的战士们，也一次一次地减少了，子弹光了，手榴弹也光了，敌人还在一步一步地紧逼着，眼看手中的武器，这是多么可爱的武器呀！每一支枪都有一段值得回忆的历史，真的就叫敌人拿去吗？战士们痛苦地咬紧了牙关，迅速地把枪拆毁了，丢得远远的，心里说道："别了，可爱的朋友们！"

一阵风吹来一阵沙土，也随着吹来了凶狠的敌人，这些英勇的崇高的勇士们为了保卫根据地壮烈地流尽了最后一滴血！

死亡吞没了一切，交通沟里睡着光荣的八十二个抗日战士，田野地里躺着卑鄙的一百多具黄狗的尸体。村庄是空空的，只有伤亡惨重、毫无所得的敌人在有气无力地撤退着。

太阳也似乎在哀悼着壮烈的四连，而用它的金色的光芒紧盯着战士们平静的面孔，愈显得战士们的伟大与光荣！

几天后，离据点不远的地方——战斗的交通沟附近，群众筑起了一个公墓，高达数丈，上面写着：三师七旅十九团四连八十二烈士公墓。

八十二烈士的精神永远活在人们的心里。

（作者：肖人　原载《解放日报》1943 年 7 月 13 日）

八十二烈士

★★★★★

（淮阴抗战的故事）

1943 年春天，3 月 18 日。

整个冰雪的冬天，已在日本人的残酷

"扫荡"中过去了，现在又是春和日暖的时候，田野上的雪融化了，柳梢头已放出青芽，可是敌人的拉网式或者梳篦式"扫荡"，依然频繁地继续着。

淮阴境内的大地上，大的庄镇几乎都被日本人和伪军占去了，构筑了密密层层的据点，好像棋盘上布满了棋子似的，把地面割成了许多豆腐格似的方块，老百姓都成为这方格里的囚人，只好在无情的抢劫、殴打、奸淫、杀害中过日子。

英勇的十九团第四连，还是和往常一样在敌伪据点的空隙里，游击了一整夜。当公鸡啼叫的时候，他们才在刘老庄歇下来。

队伍把村民惊醒，带来了一阵骚乱和惊慌——不知道是什么队伍。但是，人民的眼睛是雪亮的，等到他们发觉是自家的队伍时，便越发感到亲切和温暖。他们很放心地、亲热地诉说起来：

"同志们，盼也盼不到，你们这会儿真来啦！"

"你们同志来啦，老百姓也好过了……"

老乡们披着破棉袄，把麦秸一堆一堆地从大场上拖进来铺在屋子里的地上，他们一面拖一面铺，还在高兴地说着：

"地下很潮，草铺厚了不受凉。"

"上回鬼子出来，到前庄上抢木材，叫新四军打死了很多……"

白连长沿村子四周看了一遍，放出军事哨，然后下令部队睡觉。他还把值日排长唤到跟前吩咐道：

　　"天亮的时候，还要起来查哨……"

　　战胜通宵疲劳的战士们，现在又被疲劳拖住了，他们静悄悄地抱着自己的武器，把僵冷而疲倦的身体倒在麦草堆里，没有卸武器，也没有解背包，在拂晓之前，全连已像虾米似的呼呼入睡了。

　　晴朗的晨光，唤醒了宁静的村庄，太阳还没有出来，成群的麻雀在檐下争吵，白胸膛的喜鹊儿站在枝头上翘着尾巴叫着。从睡眠中恢复了疲劳的农民们，都起来弄饭了。

　　但战士们一点也不曾感觉到这一切的惊扰，依然沉沉熟睡着。

　　日本人下乡"扫荡"的消息，又从远而近地波荡过来，村庄骚动了，老百姓开始跑反，像从河堤缺口冲下来的大水，汹涌地向田野泛滥开去。

　　一个中年老百姓背上驮着个沉重的大包袱，闯进连部来，一进门就大声嚷道：

　　"连长！同志！白连长！"

　　通讯员一轱辘爬起来，揉了揉睁不开的眼睛，问了他的来意，便带他去喊醒了连长。连长掀开了盖在身上的黄呢大衣，瞪着站在那里的老乡。

"白连长！"老乡揩着汗直喘着气，"昨晚是我带路的，……鬼子快进我庄子了我才爬起来跑……我转到此地给你们报个信。"

　　连长掏出火柴来，点了一支烟：

　　"你的庄子离这里多远……"

　　"五里地。"

　　"你知道鬼子是向我们这里来的么？"

　　"那不敢说，庄里的老百姓都是向北跑的。"

　　连长用食指掸了掸烟灰，深深地吸了一口，嘴里喷着白烟，在他沉思的眉额下，浮起了青年人特有的倔强而骄傲的英雄气概。他是十年内战时期的红军战士，身经千百次战斗锻炼，在他看来，打仗不过是等于吃饭罢了。

　　刘老庄也被乱哄哄的跑反声势骚动了，家家都闹得乱糟糟的。一个十五六岁的小孩背着个粪箕子，撞到连部门口不由自主地站住了，望了望连长，望了望那位老乡：

　　"鬼子快到了，你们不走么？"

　　"噢，还有多远呀？"老乡着了急。

　　"没多远，听说很多呢！你们……"

老乡把大包袱重新驮到肩上，但他还是追问一句：

"连长，你们不走么？"

"走哪儿去？老八路就是来打鬼子的！"

指导员不知什么时候醒来的，他默默地坐在草堆上，两手拢在袖子里，打着呵欠。听了一会儿，不等连长说就插上来解释道：

"我们是军队，是保护老百姓的，敌人来了就要打，如果我们跟老百姓一样跑反，那还成什么抗日队伍呢？"

他说着把老乡送到门外，微笑着说道：

"老乡，你们跑反是对的，如果这儿开火，老百姓也要吃亏的。"

指导员回到房子里来，把通讯员都喊醒了，把腿上松下来的绑带绑好。一面和连长计议着。

一个老百姓把区公所里的情报送到了，鬼子天不亮就从大兴庄、五里庄出发，现在已到南边小庄子，有骑兵有炮兵……分好几路……

连长正在倾听他的报告，一个战士从军事岗哨上跑回来报告说，敌人到了前面小庄子上！

连长触电似的跳起来，说：

"你快回去看着，我马上就来。"

战士没有回答，一转身跑了，只见枪尖上的刺刀，在他的脑袋后面摆动着。

"指导员，你去集合队伍，我到前面看看。"

连长说着紧了紧自己的子弹带，挂上驳壳枪，三步并作两步地跟着哨兵走的路奔去。

跑反的人群，满庄遍野地汹涌过来，刘老庄的老百姓也投入了这个洪流。叫儿唤女的，拖老携幼的，挑锅担粮的，赶牲口的，推车子的……零乱叫骂，骚闹得一塌糊涂。小脚的老太婆跑不动，用木杖支持着身躯，一颠一颠地踉跄跟着又哭又骂，赶猪老乡急出一头汗，挥着鞭子乱打乱叫，可是猪还是别扭地不肯走。还有一些老人们，在庄子里踌躇着。

连长刚走到岗哨旁边，突然"嘣嘣"地打来两枪，敌人的骑兵已经接近到岗哨位子只三百多米远了。连长命令军事哨回去，自己回转身体就跑。恰好在连部门口集合着一个排，他立刻下命令给排长：

"你先带一个排，赶快去守住东头大路口，阻止敌人前进，掩护部队集合！快……快……"

全排上了刺刀，跟着排长跑步上去。他们一口气赶到庄头的大路旁，没有工事，就利用水沟、树头和土堆展开了一条防守的线。不一会儿，歪把子机关枪清脆地叫了，大炮也张嘴响了，炮弹落在村里，野蛮地咆哮着，然而战士们没有恐惧，也没有一个回顾，这种听厌了的声音引不起他们的兴趣或惊奇。

当晚四面都发现了枪声，日本人由远而近地向庄子围拢来。估计敌人的兵力，可能在一千人以上，还有各种重武器，火力超过四连的几百倍。营部已经冲出了包围圈之外，地方游击队也撤走了，只有第四连来不及转移，等他们发觉敌人是合击围歼他们的时候，他们已经被困在铁桶似的包围圈中了。

敌人的炮火猛烈地射击着运动的队伍，封锁住村庄的出口，控制了一切的房舍和有利的地形。四连隐蔽在洼圩里、土沟里或房舍的后面，有的是连人带枪从墙头翻下来的。

白连长没有往常那样镇定了，显得有点紧张，但是还很坚决地准备最后搏斗的到来。他东钻西奔地窥探着、观察着，迅速地寻找突围的地点。敌人的子弹在他们的身边和头上飕飕地飞舞。

"老李，我们很危险了，靠营部派队伍来解围是没有希望的，敌人太多援兵不能来，我们再等待就会吃大亏，赶快突围吧！"白连长把一颗子弹压进自己的枪里，咬住牙齿说。

"是的，只有突围了。"指导员沉毅地回答。

于是，白连长发出突围的命令，指定副指导员（党内支部书记）带一个班担任最重要的模范任务，掩护其他的部队完全实行突围。连长弓着腰窜出树林，跳下路沟，在前头路沟直跑，所有的干部、战士、司号员、卫生员、炊事员都紧随着他，这八十二个人的队伍像列车一般在路沟里奔驰。

太阳爬出天边，黄色的光芒，像水彩颜料一般，抹上了晨露初升的屋顶和树梢。

刚出庄子不远，突围的队伍被敌人发觉了，庄子周围的日本人，急急地转移目标，向突围者展开堵击和聚歼的战术。骑兵出现了，从远远的田野上飞驰而来，进占刘老庄的敌人，撒开了掩护部队，也沿着路沟尾随拢来，构成了新的包围网。日本人的魔爪，已猖狂地伸张在四连的面前。

营部的通讯员冒着暴雨般的炮火跟在敌人的后面，跑进刘老庄来。他没有找到白连长，只遇见副指导员和一个班，他性急地传达营长的命令。

"营长的命令：要你们全连立即撤退！"

他用手指着东面说："向这个方向突围出去。"

可是白连长带着队伍走远了，而且是向西面走的，这怎么办呢？副指导员着急起来，连忙命令自己的通讯员：

"你去顺着路沟赶去，报告连长说：营长来了命令叫我们朝东面突围。"他指了一下刚才通讯员指过的方向，补充说道：

"我们先走了。"

通讯员答应着，持了小金钩弓着腰向路沟蹿去，像松鼠一样。他今年18岁，个子不高，但很结实活泼，鹅蛋形的脸上闪着可爱的笑容。他自动参军三年了，一来就在这个连里，过去是青年队员，现在是有一年党龄的共产党员了。他最受同志们所赞扬的特点是：战斗勇敢，工作负责，无论在任何激烈的战斗中或者任何困难的环境下，他能够忠实地完成工作任务。他始终保持着全体青年同志送给他的光荣称号——"模范青年"。

在路沟的周围，敌人构成个可怕的火网，小鸟也飞不过去，年轻的通讯员，在距离队伍20米远的地方中弹倒下了。他知道自己不能再爬起来了，但在这一息尚存的一霎间，还要把自己所负的任务完成的。他挣扎着，抬起沉重的头颅，迸发出最后的力气叫着："连长，营长命令你们向后转……向东面突围！"

可是炮火的交响声，把田野震得天翻地覆，他的声嘶力竭叫喊，怎能钻进那八十二个突围者的耳朵里呢！不一会儿鲜血染红了他的制服和子弹袋，他没有呻吟，没有哭泣，咬住牙根挣扎着，直到他喊不出声音来。他把枪抱在怀里，静静地躺在血泊里，呼吸出最后的一口气……

在敌后几年来反"扫荡"的体验中，解放区的军民不辞劳苦地在庄子与庄子之间，挖下了四通八达的路沟，也叫交通沟，便利于平原地打游击的部队的掩蔽和运动。四连的八十二个人，大家都弓着腰在路沟里走，膝盖几乎碰到胸膛，脑袋不敢露在沟外，因为敌人子弹飞蝗似的乱飞，掷弹榴弹也在路沟的两岸爆炸着。

糟糕得很，当他们走到离庄子一里地的空荡里时，前面横着一条大路，把路沟挡住了，这条路沟成为了断截路沟，现在已走到它的尽头。这段没有挖掉的大路，比敌人的火力还可恶地阻止着这支突围的铁流。

连长急得乱跳，右拳头不住地捶着左手心。他的拳头一挥，毫不迟疑地命令：

"快跳吧！跳上去就跑。"

两个战士先跳上去，刚走两步，机关枪就咯咯咯地扫射过来，他们倒下了，接着又爬上去一个也倒下了，第四个，第五个……也被打倒了。敌人的机关枪已封锁了这个出口。

"打吧，到拼命的时候了！"白连长指挥着，把有枪的同志分成两边，伏在沟崖上开火了。

战士们在民族敌人面前没有一个人表现胆怯和示弱，他们全心全意地争取光荣地生存，结成了一个沉重的铁锤，向日本人的脑袋打去。在机关枪的咯咯声中、手榴弹的咆哮中打退了鬼子五次冲锋，田野里丢下了许多狗的尸体和死马。

春天的太阳，悄悄地爬到天空，朝晖是那么充满了生机和温暖，好像一个年轻母亲的眼睛里放射出来的光芒，俯视着这个庄严而热烈的场面。

指导员也是和平常一样的沉着和热情，他站在大家的中央，放开嗓子进行鼓动讲话，他挥起拳头喊：

"我们是新四军，是民族英雄，有红军的老传统，有光荣的斗争历史！同志们，鬼子是我们中国人的死敌，我们要坚决打到底！……宁愿牺牲不缴枪……"

"我们宁死不缴枪！"战士们的回答，像汹涌波涛怒吼。

"全体共产党员们！这是考验我们的时候了！我们要为党的事业战斗到底，为民族解放战斗到底！……同志们！我们要坚持党的光荣，要做模范，要做英雄。一个也不做孬种，一个也不当俘虏！"指导员的声音，比敌人的炮火还响亮有力。

"保持党的光荣，不做孬种！不当俘虏！"共产党员们雷一样地响应起来，非党员也热烈响应着。

从每个角落里，还有许多回声在吼叫着："我们不能白白等死，坚决拼到底！""打死一个够本，打死两个挣的！"

充满着仇恨和愤怒，在生死存亡的抵抗中大家把一切疾苦和饥渴，都抛到九霄云外去了，徒手的炊事员们，也拾起了武器武装自己，司号员也去掉了自己的军号，换上一支长钢枪——他们是新的生力军，补充那些已经负伤或牺牲的同志。

重伤者没有呻吟，没有哭泣，他们忍着创痛，不服气地一个个睁着两眼，不愿意放弃自己战斗的决心；有些轻伤的同志，一面流血，一面坚持战斗，不愿意放下自己的战斗武器；卫生员把药袋放在地上，小心耐烦地工作着，把伤者的伤口包扎好。药毛巾用完了，只好把棉衣的里子棉絮撕下来用，战士们腿上的裹带也解下来当做绷带布用了。

日本人的进攻不但没有稍缓，反而越来越紧逼起来，他们抢占小路沟的两头，机关枪对着路沟两头处打过来，迫击炮、掷弹筒像热锅里炒的苞谷似的，前后左右到处爆炸着，几个炮弹落在沟心里，敌人是想用狂烈的炮火来毁灭这个顽强的堡垒。

"同志们，赶快用背包堵起来！"白连长嘶哑的声音叫喊着。

大家拼死地拖了背包堆上去，几分钟后果然堆起来了，好像两段短墙头，挡住了两头的村庄，但是在这中间，只有五六十米远的一段沟，跟那枯干了水的鱼塘差不多。

在这时候，李指导员的头部被打了一个洞，一声不响地跌在地上，鲜血喷冒出来，淌满了脸，看见了血，人们才发觉他负了伤，便不约而同地惊叫起来。

"指导员！指导员！"

惨白的脸上，流下鲜红的血，但他一点儿也不感到痛苦似的，嘴角、眉间还露出笑容，慢慢地摇着右手，喃喃着，意思叫大家不要管他。

有几个同志也倒下了，有的破裂了头颅，有的失掉了胳膊……

白连长跑过来，抓住李指导员的手，也哽咽着说不出话来，他痛心自己同伴的伤亡，仇恨的烈火冒上了他的头顶，烧干他满眶的眼泪……

"连长，敌人又冲锋啦！"战士们叫着。

白连长跳起来，将驳壳枪一丢，随即端起一根上着刺刀的长枪，勇敢和仇恨涌上了他的全身，他鼓着火红的眼，喉里迸出粗哑的声音：

"同志们，不要打枪，用刺刀拼！……"

这一拼，把敌人第六次冲锋打下去了。雪亮的刺刀染上异族的鲜血，有的刺刀弯了，像一把镰刀，可是在敌人猛烈的炮火下，突围还是没有成功，人数也减少下去了。

子弹打完了，怎么办呢？这个严重的问题使大家心急。连长望望天上的太阳，还高高地挂在天空，离落山的时分太远了，他心里想，假使现在是黄昏的话，我们的突围还大有希望……可是怎样坚持到天黑呢？……从忧虑中他像受到什么刺激似的，突然张开焦裂的嘴唇自豪地说：

"我们不叫敌人抓住一个活的，也不叫敌

人得到一支好枪，这都是我们用血泪换来的。同志们，把机关枪和多下来的步枪统统破坏掉！"

战士们把四挺轻机枪和一挺重机关枪都拆卸下来，东一件西一件，把零件撒得无影无踪，只留下枪筒子和支脚架，多余的步枪也被打断和砸坏了，机柄都埋到土里，连长把驳壳枪也扔掉了，把身上的记录本和口令也撕得粉碎，抛到空中叫风吹散了。他从支书、指导员的皮包里把重要的表册和秘密文件取出来撕成雪花似的碎片，凭借着春风把它刮到辽远的空荡里去了。

在这时候，日本人的战火更密集地打过来，还夹杂狼嚎似的叫骂声，敌人是在组织最后的冲锋了，他们决心在黄昏前，消灭这支顽强的新四军。情况更加地恶劣了，什么幻想和希望都没有了。白连长机警地意识到，援兵是来不了的，除了自己拼命冲出去外，再没有别的办法。

"他妈的，日本鬼子，他一定要毁灭我们，我们愿意眼巴巴地等死吗？……不，我们是中国人，是共产党的部队，我们只有拼到底啊……同志们，我们冲出去，冲出去就是活路，冲不出去就死在一起……"

连长眨着眼睛，话说不下去了，时间也不许他再说了。大家自动地把枪上的勾机卸掉，把好的刺刀换上了。

敌人的炮火带来的烟雾和尘沙笼罩了天日和田野。

连长把所有三十几个同伴分成三路，活虎一般跳出路沟，埋着头，屏着气，各向不同的方向冲去。敌人的机枪像飞蝗过境似的，从四面八方扫射过来，突围的英雄们咬紧牙根，一个挨一个地在烟雾中倒下去。……他们全都牺牲了，壮烈的热血，滴洒在祖国的土地里，湿润在嫩绿的麦苗上。

没有人性的强盗们，对于已经失掉战斗力的中国人，还是不能饶恕的，他们狰狞的血手，伸到路沟里，把那些留在沟里还未断气的光荣流血的负伤者，一个一个地用刺刀戳死，以此补偿他们二百多个同伴的死亡和一无所得！

一个指挥官式的日本军官，提着闪亮的指挥刀，站在路沟的旁边，翘起自己的大指头向那些正在搬运着同伴的死尸的自己部下，发出老蛤蟆叫似的喉音，从内心里吐出话来：

"新四军，真是大大的英雄！"

八十二烈士的公墓巍然荣耀地站立在刘老庄南头的田野上。每年清明节，远近的党政军民都集体来上坟，向八十二烈士们的忠魂，致无限崇敬的悼念。在中国人民的记忆里，将永远不会忘记这支伟大的不朽的人民武装——新四军第三师第七旅第十九团的第四连。

（作者：铁鸣　原载《新华日报》1946年6月17日）

→ 哭老战友

★★★★★
（纪念刘老庄八十二烈士殉国五十周年）

今年3月18日，是刘老庄八十二烈士牺牲五十周年纪念日。这几天，刘老庄八十二烈士血战疆场、悲壮殉国的场景时常萦绕在我的脑际，我作为昔日淮海抗日战场的亲身经历者，激动的心情难以抑制。特写此文，寄托我无限的哀思。

一

早在抗日战争初期，淮海区人民在党的领导下，组织抗日救亡团体，建立了抗日武装力量，和敌人展开了如火如荼的游击战争。为了巩固和发展这块抗日根据地，上级命令我部于 1940 年 8 月从皖东北地区东渡运河进入硝烟弥漫、战火纷飞的淮海区。当时的淮海区，日军盘踞着大、小集镇，不断进行"清乡"、"扫荡"，把一个辽阔、富饶的淮海平原，摧残得土地荒芜，疮痍满目。

面对这一严酷的形势，陈毅同志的一席话在我耳边回荡："胡炳云同志，淮海区地位很重要，它是华北、华中两大战略区的咽喉通道，同时又是连接华北、华中两根据地的纽带。今后的斗争将会更艰苦、更残酷，你要在思想上做好充分准备。"我想，不论环境多么艰苦，斗争多么复杂，我们一定要以实际行动让陈司令员放心。

我们一到淮海区，首先配合地方武装——淮河大队，深入发动群众，建立抗日民主政权，加强根据地建设。之后，我部奉命到苏中与新四军会合，开辟新的根据地，直到 1941 年春才重返淮海区。经过几年的英勇战斗，淮海区抗日根据地得到了巩固和发展，建立了抗日民主政权——淮海区专员公署，实行了主力部队地方化，地方部队群众化的方针，使主力部队、地方部队和民兵更紧密地结合在一起，形成了有力的铁拳，给敌人以沉重的打击。与此同时，根据地内普遍开展了减租减息和轰轰烈烈的大生产运动，广大群众的对敌斗争情绪日益高涨，生产运动蓬勃发展，根据地的面貌焕然一新。

这块根据地的不断巩固和发展，迫使敌人龟缩在大小据点里，不敢轻举妄动。根据地就像一把锋利的尖刀，牢牢地插入敌人心脏，威胁着敌指挥中心和战略要地徐州、淮阴，使敌人在淮海区的两大交通命脉——运河、盐河长期处于瘫痪状态；她又像一条坚韧的纽带，把我山东抗日根据地与华中抗日根据地紧紧地联系在一起。

日本侵略军把这块根据地看成是眼中钉、肉中刺。为了消灭抗日力量，加紧对国民党蒋介石实行诱降政策。国民党反动派也进一步迎合侵略者的需要，和他们暗中勾结，集中兵力对付我抗日根据地。盘踞在我苏北根据地的日伪军，集中优势兵力，采取分进合击战术，于1942年11月15日，向我淮海根据地中心区域展开大规模的"扫荡"，企图合围六塘河一带的党政军领导机关，寻歼我主力部队，妄想一举摧毁淮海根据地，切断我山东与整个华中根据地的联系。敌人的阴谋遭到我淮海军民的有力打击。继于1943年3月又对盐阜区发起更大规模的"扫荡"，经我苏北军民的沉重打击，敌自3月14日向各防区退缩。

　　3月17日，我遵照陈毅同志的指示，把分散活动于淮海区的十九团的部队迅速集结，星夜向泗阳县山子头地域进发，一来配合四师围歼窜扰运河特区的国民党顽固派王光夏部队，二来跳出敌人的包围，摆脱敌人的威胁。3月18日拂晓，敌突然出现在四连宿营的刘老庄附近。在万分危急的关头，我四连主动抗击敌人，激战一日，终于粉碎了敌人的阴毒计划。

二

　　我部的前身是南昌起义时的教导团和长征时期的红一军团红二师突击四团。抗日战争时期，改编为一一五师六八五团，后又编为新四军三师七旅十九团。四连和我部其他连队一样，是一个具有光荣历史的连队，是在毛主席亲手创建和培育下成长起来的。在长期的革命斗争岁月中，保持和发扬了我军艰苦奋斗、英勇善战的优良传统。

　　3月17日，二营营部和四、六连按照我的命令向泗沭地区转移，准备执行新的任务。当日深夜宿营于刘老庄地区。次日拂晓，四连发现敌情，不远处传来稀疏的枪声，空旷的田野上，跑反的乡亲们扶老携幼，哭声遍野……连长白思才、指导员李云鹏当即意识到敌行动有两种可能，一是少数敌人来犯，二是大量敌人进行"扫荡"。他俩立即决定，不管属于哪一种情况，人民群众的生命财产都将受到损失。为了人民群众的安全，部队绝不能撤离，因为我们是人民的子弟兵，在任何情况下，都应当把人民的安危放在心头。

决心一下，立即进行战斗准备。连长让指导员集合部队，自己身披便衣，化装成老百姓，大步走向村头观察敌人的动向。他是一位久经考验、机智果敢的指挥员。1935年冬，他16岁时就参加了红军，在长期的斗争中，屡建战功，先后任班长、排长、团部作战参谋，为了加强连队领导，被派到四连任连长。

敌人出现在他的眼前了，大股敌人在敌尖兵的引导下，向刘老庄方向进逼，已经能看到骑马的敌指挥官了，白思才同志急忙奔向自己的队伍，命令全连迅速选择地形，准备战斗。自己则将便衣一甩，亲自掌握重机枪。敌人肆无忌惮地大步前进，逐步接近阵地前沿，白思才同志紧盯着敌人，当敌先头部队离他们只有五六十米时，他首先用重机枪开了火，全连各种火力紧跟着猛烈地朝敌人扫去。日军遭到这意外的打击，一时懵头转向，仓皇散开队形，向后退缩。

当敌清醒过来后，立即分多路向四连阵地迂回过来。这时白思才和李云鹏根据敌人的兵力和急于北进的趋势，认定敌人的企图是以突然的行动，一举消灭我驻六塘河一带的领导机关。在当时的情况下，四连是完全能够顺利突围的。但是，为了争取时间让领导机关和群众安全转移，四连决定放弃突围的机会，坚决阻击敌人。但形势对四连是十分不利的。第一，四连指战员一共只有八十二名，弹药消耗没有补充。而敌人却有一千余人，装备精良，仅大小炮、掷弹筒就有百余门（具）；第二，庄内的群众尚未撤离。如果将防御阵地设在庄内，将给群众造成极大伤亡，生命财产得不到保障，更容易使部队陷于被动挨打的地步。

面对着这样严重的情况，四连的同志下定决心，不论付出多大代价，也要坚决打击敌人，随即指挥全连撤到刘老庄前一片开阔地带的"抗日沟"里坚守。

上午9时左右，敌人发起了第一次冲锋，刚冲出几十米就被我四连打垮了。敌指挥官川岛异常恼火，亲自登上屋顶察看地形，然后组织第二次冲锋。敌投入约一个中队的兵力，集中火炮和机枪，猛烈压制四连的火力，掩护步兵进攻。顷刻间，敌人的炮弹、子弹纷纷向我四连阵地袭来。敌人在火力掩护下爬上来，距我阵地愈来愈近。此时，我枪榴弹集中射向敌火力点，顿时，敌火力点哑巴了，我轻重机枪一齐开火，敌人大乱，伤亡惨重，逃跑的敌人被我四连神枪手当成活靶子。有二十几个亡命之徒，冒险爬到我阵地前沿，连长一声令下，战士们跃出交通沟，端起刺刀冲向敌人，不到十分钟，敌人便全部变成了刀下鬼，敌第二次冲锋又以惨败而结束。

这时四连的弹药已经消耗得差不多了，李云鹏同志十分焦急。他是抗战初期参加革命的，由于党的培养和艰苦斗争环境的锻炼，使他由一个青年成长为一个优秀的共产党员和训练有素的政治工作干部。当他看到阵地前沿30米远的地方，躺着几十具敌人尸体，尸体上都带有子弹。和连长商量之后，立即号召到敌人尸体上去"验收"子弹。最先站起来响应号召的是一排长尉庆忠。他是老红军，既机智勇敢又十分幽默。他风趣地说："我在团部当过军需干事，验收子弹是我的老本行。"于是便让他带领突击小组，迅速冲到阵地前沿，把敌人的子弹收集起来。敌人发觉后，拼命射击。突击小组冒着枪林弹雨，把敌人的子弹全部取回，不幸的是，我们这位红军老战士光荣地牺牲了。

接着，敌人又发起了第三次、第四次、第五次冲锋，但是，每一次都是抛下一些死尸狼狈逃窜。这时，日已过午，敌人为了组织新的进攻，冲锋暂时停止了。四连为了打好下一个回合，虽然又饥饿又疲劳，仍迅速修补工事，挖掘掩体。党支部利用战斗间隙召开支委会，分析了敌情，一致认为，必须继续拖住敌人，坚持到天黑，然后再组织突围。

支委们带着支部决议，到各班、排召开党小组会，号召共产党员和全体战斗员，英勇杀敌，争取最后的胜利。指战员们在支部号召下，战斗情绪更为高涨，意志愈加坚定，开展了杀敌竞赛，战士们纷纷写了入党申请书，请党支部在战斗中考验自己。

敌人被打怕了，担心再次进攻仍会遭到和前几次一样的下场。于是改变了战术，集中所有山炮、九二步兵炮、迫击炮、掷弹筒，向四连阵地轰击。一时弹如雨下，烟尘滚滚，大地震动……

炮击持续了好几个小时，四连指战员凭借

着比钢铁更坚强的革命意志，在一段不长的"抗日沟"里，顽强抗击。工事被摧毁，立即修复；掩体炸塌了，背包填上去；人员负伤了，包扎起来继续战斗……任凭敌人炮弹再多，轰击再猛，四连的阵地依然稳如泰山。

敌炮击一开始，白连长的右手被炸伤，由于流血过多，加之十分疲劳，昏迷过去。这是他参加革命后第三次负重伤。当他苏醒过来后，马上抖擞精神站起来，来往于交通壕内，继续鼓舞士气，指挥战斗。其间他几次被炮弹掀起的泥土埋住。有一次炮弹落在他附近，剧烈爆炸声和硝烟尘土过去后，发现身旁的一个战士被炮弹炸断一条腿，他用一只手，扯开被单将伤员的腿裹上，这个战士不能站立，嗓子也哑了，他用期待的目光恳求连长，两手比画着，请求让他观察敌情，坚持战斗。连长含泪搂抱住这位战士，坚定地点了点头，而后迅速回到重机枪阵地，指挥机枪射手，狠揍凶恶的敌人。

这时，李云鹏也几处负伤，满身血迹。但他仍继续组织连队的特等射手，密切注视着敌人的动向。白思才来到李云鹏身边，李云鹏拿出写给营首长的战斗报告给他看，这份报告热情而生动地叙述了全连的战斗情况，白思才在报告上签了字，他俩希望这份报告能送到营、团首长手中，作为他们向党的汇报，请求党审查他们这次的战斗，并请求批准他们在火线上接纳的新党员。

炮火仍在继续，白思才和李云鹏在炮火中察看了连队的情况。经过一整天的战斗，全连只剩下不到一半了。没有负伤的同志，眼睛也都被硝烟熏得红肿起来，鼻子被呛得鲜血直流，更为严重的是，子弹也快打光了。这时敌人新的更大的冲锋即将开始。白思才同志看看天色将晚，于是他命令，把余下的少数子弹集中给机枪使用，多余的枪支全部拆毁，剩下的人每人一支步枪，装上刺刀，严阵以待，准备和敌人展开一场肉搏战。该毁掉的枪支全部拆毁了，零部件一一埋入地下，文件和报刊也都销毁了，决心不让敌人捞到一点东西。指导员李云鹏以激昂的声音号召："全体指战员同志们，为了民族的解放和党的事业，我们要坚决迎击敌人最后一次冲锋，杀伤更多的敌人！"

晚霞满天，战火熊熊，阵地上一片肃穆宁静。胆战心惊的敌人又开始进攻了，他们从四面八方围了上来。四连的勇士们，庄严地从战壕里挺立起来，紧握手中枪，迎着火红的残阳，仇恨的目光怒视着敌人。连长、指导员领着战友们高呼："中华民族万岁！""中国共产党万岁！""毛主席万岁！"

当敌接近阵地前沿时，机枪首先张了嘴，愤怒的火舌，卷起一股狂风，呼啸着向敌群飞射过去，敌人一批批倒了下去。子弹打光了，敌又重新冲了上来，白思才和李云鹏齐声高喊："同志们，冲啊，杀——！"战士们跃出战壕，冲向敌群，刀光落处，只听得敌人发出一阵阵鬼一样的嚎叫声。

当夜幕降临阵地时，喊杀声终于停下来了。在这场悲壮的搏斗中，终因敌我力量悬殊太大，我四连八十二位勇士全部壮烈殉国。

战斗结束很久，敌人方才心惊肉跳地走进战壕，他们没有俘虏一个活的，没缴获一件完整的武器，而他们唯一的战利品，就是运走了一百七十多具死尸和两百多名伤兵。敌人遭到了惨重的失败，"扫荡"的阴谋受到沉重的打击。

三

敌人刚撤走，淮阴县张集区区长周文科和联防大队长周文忠带领地方武装立即赶到刘老庄，阵地上，硝烟尚未散尽，晚风萧瑟，寒星惨淡，勇士们的遗容英姿依稀可见。有的怒目圆睁，栩栩如生地俯卧在战壕边，有的紧握枪刺弓着前腿斜靠在大树旁，有的双手狠狠地掐住敌人的脖子，有的紧紧咬住敌人的耳朵……一个个仍然保持着生前搏斗的勃勃英姿。忽然，周文忠听到一声微弱的呻吟声。啊！是我们的一位身负重伤的年轻战士。周文忠赶紧扒开压在战士身上的泥土，从血泊中抱起这位战士，当即找来一副担架送去抢救。这位战士的前胸有三个枪眼，伤势很重，但他仍然以坚强的毅力，忍受着难耐的伤痛，断断续续地向周文科区长叙述了战斗的情况。由于伤势太重，失血过多，这位年仅 24 岁的战士，不幸于第二天早晨与世长辞了。

　　滔滔六塘河日夜奔流，称颂着八十二位烈士的英雄业绩。莽莽大平原，狂飙怒吼，声讨着法西斯强盗的滔天罪行。从四面八方拥来的乡亲们，洒着热泪收殓着烈士们的忠骸，筑起了三丈高的烈士墓。壮士亭内苏北行署主任李一氓同志亲自写下了碑记，记载着八十二位烈士的光辉事迹。从此，淮阴人民时刻怀念自己的子弟兵，每当细雨蒙蒙的天气，人们仿佛听到烈士陵园内传来一片激越昂扬的喊杀声和阵阵高亢嘹亮的军号声。老人们说，那是白连长和李指导员正率领战士们操练，准备迎击新的敌人。

是啊，忠于祖国、忠于人民的英雄是不朽的，他们永远活在人民的心中！

值此刘老庄八十二烈士殉国五十周年之际，我感慨万端，把这英雄的壮举告诉后来人。但无论如何也表达不全我对革命战友的无限怀念之情。我已年逾八旬，曾经和我并肩战斗的许多战友都在战争中牺牲了，我是幸存者。我想，我们每一代人都有自己一代的历史使命，老一辈无产阶级革命家和革命先烈完成了争取国家民族独立解放，开创新中国，建成初步繁荣昌盛的社会主义祖国的历史使命，无愧于他们的一生。现在我们要走有中国特色的社会主义道路，建设四化，统一祖国，振兴中华的历史使命自然地落在后一代人的肩上。在淮海地区这片洒遍烈士鲜血的土地上，我衷心希望并相信这里的英雄儿女一定会进一步继承八十二烈士英勇献身的光荣传统，发扬一不怕苦、二不怕死的革命精神，像革命先烈那样，树立坚定的共产主义信念，为建设新淮阴而努力奋斗。

1993 年 1 月写于南京

（作者：胡炳云　原新四军三师七旅十九团团长）

气壮山河

★★★★★

（记刘老庄连）

中国人民解放军某部四连，是抗日战争时期著名的英雄连队"刘老庄连"。1943年3月18日，在苏北刘老庄战斗中，这个连八十二名战士，英勇抗击千余日伪军的激战，粉碎了敌人的"扫荡"阴谋，他们以鲜血和生命谱写了一首气壮山河的英雄史诗。

1943年，抗日战争形势开始好转，苏北抗日根据地的军民终于度过了最艰苦的岁月，除日伪军占据一些城镇孤守外，大部为我抗日军民控制。但日军为垂死挣扎，每逢春秋季节，都要向我抗日根据地进行"扫荡"。

这年3月，日伪军大规模"扫荡"盐阜区宣告失败后，即开始了对淮（阴）海（州）地区进行报复性"扫荡"。当时，十九团主力由团长胡炳云率领在淮阴西北、沭阳以南地区活动，并随时准备奔赴运河以南参加歼灭顽固派王光夏部的战斗。团政治处主任石瑛带三营的两个连在涟水西北、沭阳东南地区活动。二营教导员丁光辉带四、六连在淮阴北部刘老庄、双庄、老张集及梁岔地区活动。3月中旬，上级命令十九团参加歼灭王光夏部的战斗，部队集结过程中，二营部和四、六连宿营于刘老庄地区。

3月18日凌晨3点多钟，丁光辉同志接到侦察员报告：日军向刘老庄方向出动了。丁光辉一面叫侦察员继续监视敌人动向，一面通知附近的党政机关做好转移的准备。凌晨4点左右，侦察员又报告：有日军约一百人、伪军约二百人向我双庄、刘老庄方向扑来，队伍分两路，由伪军先头开路，日军紧随其后。丁光辉当即通知四连坚守刘老庄阵地，四连副指导员左书明带领四连炊事班随营部和六连先行转移，待地方机关等安全转移后，四连主力再迅速向营部和六连的行动方向跟进。四连受命后，立即作好对付敌人来犯的部署。

天刚拂晓，日伪军乱打了一阵枪后，占据了刘老庄西南方的一个村庄。敌似乎发现了我军的行踪，一边实施火力侦察，一边像乌龟似的慢慢向刘老庄方向蠕动。天已大亮了，我隐蔽在庄西南的一排和前出至交通沟里的二班战士死死盯住敌人。当敌人行进距我前沿阵地二百米、五十米时，我一排突然以机动步枪、手榴弹一齐开火，打得敌人晕头转向，有的在我阵地前丧了命，有的掉头逃窜，日军在后边叫喊堵拦，也无济于事。第一个回合，敌丢下二十多具尸体退了回去。上午 8 点钟左右，敌第二次向我发起进攻，他们采用日伪军混合编队，以火力掩护，从两个方向向我阵地接近。我一排战士仍隐蔽在阵地内，待机消灭敌人。东南方向的敌人开始进攻了，连长白思才命令二排四班带机枪一挺，绕到敌侧翼担任侧击，二排主力占领庄南交通沟抗击正面之敌。这一路敌人约有七八十人，他们刚进入我阵地前沿三十多米处时，当即遭到我二排战士的猛烈打击，被压制在一片开阔地带，此时，埋伏于敌侧翼的四班战士，又以猛烈的火力袭击敌人。敌在我突然的袭击下一窝蜂似的向后乱逃。五、六班战士趁机跳出交通沟，像猛虎出山，紧追猛打，东南方的敌人在我二排的打击下，丢下几十具尸体跑掉了。由西南方向进攻的敌军，以强大的火力作掩护，轮番向我阵地冲击，也在我一排战士的打击下，慌忙地缩了回去。我四连在出击中有三位同志牺牲，四位同志负伤，二排长王世祥负了重伤。

时值上午 10 点钟，刘老庄一带党政机关和人民群众已大部转移了，四连也准备趁机撤出战斗，向西北方向转移。此时，我老张集外围民兵报告，涟水、老张集地区的日伪军约三百余人，分几路向我双庄、刘老庄一带包抄过来。我侦察员也得悉，淮阴伪军潘干臣部约五百人，也由西坝向徐溜方向开了过来，如果四连在这个时候迅速跳出敌人包围圈，撤到淮泗地区，完全摆脱敌人是有可能的，但四连指战员为了让地方机关，特别是人民群众完全脱离危险，不致遭受敌人的残害，经党支部决定，在刘老庄再坚守一段时间，把敌人都吸引到刘老庄，并拖住他们。

上午 11 时许，战斗继续在刘老庄的四连阵地打响了。敌组织向我阵地三次冲击，在我火力阻击和反冲击白刃格斗的打击下，日伪军又伤亡三四十人，也未能前进一步，激烈战斗中，我三排战士也伤亡过半，从战斗开始时二十八人减少到十三人，三排长马汉良被敌掷弹筒炸伤了右臂，指导员李云鹏也多处负伤。

到了中午 12 点左右，敌人又从淮阴城调来伪军一个营和日军一个小队，还配备了两门山炮、三门迫击炮，企图从南、西、东三面围攻我四连阵地。连长白思才利用战斗间隙向各班、排长介绍了敌情，并提出：坚守刘老庄，不惜一切代价死死拖住敌人，要同敌人血战到底，誓与阵地共存亡。午后1时许，南面敌人步炮协同的进攻开始了。敌先是集中山炮、迫击炮、掷弹筒向我四连阵地猛烈轰击。接着，四五百名伪军分数路向我阵地逼来，后面都有日军督战，经我指战员浴血抵抗，敌人连续几次攻击都被我打退了。太阳快要落山的时候，敌军一面组织向我发起最后攻击，一面又调来骑兵从徐溜方向包抄过来。伪军潘干臣部的一个营，这时也接近了刘老庄，我四连已完全处于敌四面包围之中。

在打退敌多次进攻中，一排长、连文化教员先后牺牲了，二排长、三排长负了重伤，战士也伤亡大半，全连只剩下二十四五个人了。但同志们毫不气馁，不怕牺牲，不怕疲劳，连续作战，顽强地坚守阵地。连干伤亡了排干代替指挥，排干伤亡了班长顶上去，班长伤亡了共产党员站出来，全连始终形成一个战斗的集体，拧成一股打不垮、摧不烂的钢铁力量，勇猛抗击敌人。战斗中，四连有三十多名重伤员，由文书罗桥负责安置在庄内较坚固的房屋内，等待天黑后转移。

经过一整天的战斗，子弹都打完了，余下的二十多个同志把烈士和伤员身上的手榴弹、枪支都收集起来，把枪栓卸下来扔进水沟里，将多余的枪砸碎，准备用刺刀和敌人拼命，用手榴弹与敌人同归于尽。太阳要落山了，敌人在炮火掩护下，以密集的队形向刘老庄缩小包围圈，最后攻到阵地前沿，他们蜂拥而上，歇斯底里地叽里呱啦乱叫，一副杀气腾腾的凶相。我四连勇士虽已弹尽援绝，但毫不畏惧，以气吞山河的英雄气概和敌人在交通沟里展开了殊死肉搏战。但终因众寡悬殊，勇士们全部壮烈牺牲了。敌人进了刘老庄后，挨家挨户用机枪扫射，我三十几位伤员不幸全被残杀。负责照顾伤员的文书罗桥同志，拉响了手榴弹和包围他的几个敌人同归于尽。在西头独立家屋附近固守的七名战士，子弹打光后，就和敌人拼刺刀，六人先后牺牲，班长王中良胸部几处负伤，倒在血泊中。

日伪军动用了近千余人，在炮兵、骑兵的配合下，和我四连战斗一天，付出了伤亡四百多人的代价，打了一场一无所获的消耗战，天黑时，只得灰溜溜地缩回据点去了。

3月29日，十九团在郑潭口小学院内召开了八十二烈士追悼大会，同时将我四连坚守刘老庄的事迹，向上级写了报告。

当地党委接到刘老庄八十二烈士的英雄事迹后，立即作出决定：为纪念八十二烈士壮烈牺牲的精神，继承烈士们英勇杀敌的光荣传统，从淮涟地方部队中抽调八十二名同志补入十九团四连。七旅司令部、政治部命名四连为"刘老庄连"。

（作者：张桂森　原新四军三师七旅十九团政治处组织股长）

⊙➜ 刘老庄战斗前后

★★★★★

1942 年冬，日军在苏北大肆"扫荡"，我新四军军部决定在苏北地区开展反"扫荡"斗争，伺机消灭敌人有生力量。我那时在三师七旅十九团二营任副教导员，在涟水县境内坚持斗争。二营由团政治处主任石瑛同志带领，后来他又将五连带到泗阳，和一、三营并肩战斗，留下四、六连在涟水一带活动，六连由副营长马应健带领，四连由我带领（教导员丁光辉也在四连），活动于左圩子一带，六连活动于梁岔以东。

约在 1943 年 2 月，淮阴城出动几百日伪军"扫荡"，六连准备打埋伏袭击，未成，此后半个月中，连续打了几个小仗。高沟、杨口之间有个小据点，我们奔袭，消灭了十几个敌人，俘虏二三十人，后又在左圩西的六塘河边打了一个小据点。接着又打了乔洼。于是，梁岔、杨口两股敌人企图袭击我们，我们从敌人后方走脱了。第二天，高沟、梁岔、杨口等地七八百敌人，又企图对我们进行袭击，我们发觉后，叫四连打了一下，后侦察员报告，梁岔的援兵又出动了，不能再打了，教导员叫我带四连先撤，四连一边打，一边掩护六连撤退，六连撤到桥圩子南边，又打了一天，伤亡四五人。敌人反复"扫荡"，目的是将我四、六连逼到六塘河边。我们埋伏在路边，距敌约一里路，敌未发觉，此时部队已很疲劳，吃不饱饭，就决定转移到淮阴。到了老张集东时，遇到一百多日伪军，一交火，敌人跑了。黄昏时到了老张集，向南又到了棉花庄一带，后又决定转移到刘老庄。

为什么到刘老庄呢? 因为听说敌人要在张集安据点, 所以我们又想到朱集一带, 但那里距离淮阴比较近。古寨我们比较熟悉, 刘老庄离张集、古寨都不远, 到刘老庄去, 也便于到泗阳去, 因石瑛曾交代, 必要时可到淮阴、泗阳一带活动。

　　3月17日黄昏, 送信到六塘河北的六连副指导员在途中碰到我们。他说约有一千五百多敌人, 16日、17日"扫荡"三棵树, 可能还要向北。听到此情况, 我们就决定到刘老庄住下, 待次日拂晓时转移到泗阳众兴。这样既能避开敌人主力, 又有利于安定人心。

　　到达刘老庄后, 六连住在庄东边, 四连住在庄西头, 并在庄西一独立户人家架一挺机枪为前哨。

　　18日晨三四点钟, 天还未亮, 营部和六连都已吃好早饭, 四连还没吃早饭, 营部命令四连赶快吃早饭, 准备出发, 来不及吃可把饭带走。不料, 就在这时, 已发现像是老百姓在跑反, 估计可能是敌人出动了, 这时, 天似明非明, 营部即部署作好战斗准备, 四连占领了阵地，六连把部队收拢后，也作了相应的准备，当四连发现跑反的不是老百姓，而是日本兵化装的，随即进行抗击，四连一排一个反冲锋，把敌人打退了。敌人又反扑，教导员命令吴凯派一个班，从右侧掩护四连，把敌人压下去了。接着把主力撤到庄后交通沟里，准备继续战斗和伺机转移。

天大亮时，我们考虑到老百姓跑不及，又考虑到六塘河那边有地方党政机关，加之当时也确实撤不下来，敌人压得很紧，双方反复冲杀，互相咬着不放。日头一竿高时，教导员和副营长下来，问六连怎样，我说，六连在庄后交通沟里。我问："怎么办？"教导员说："叫六连赶快撤，四连向庄后撤。"我问："往哪儿撤？"教导员说："离开交通沟，到刘皮西边看情况。"于是，六连由交通沟从庄东撤到刘皮方向。跑了不远，西边有一条小漫河，敌人约一个班，从几户人家跑出来，端着枪朝我们扑来，我说："老秦（秦道生，二排长），前面有敌人，派一个班带挺机枪，把敌人打回去。"老秦是个豁嘴子，他带一个班把敌人赶回去了。二排掩护四班撤退，敌人又追过来，占据一个小坟包，他们约有两挺机枪，一挺重机枪，火力很猛，我们就向交通沟跑。这时教导员、副营长跑过来，我对他们说："打不上去。"教导员说："用重机枪把敌人压下去。"这样，六连才全部撤出来，四连副指导员左书明带着火夫担子也跟着撤下来了。

跑到刘皮西约一里半路，我们在交通沟停了一会儿，发现向西北有条小河，我们就顺着小河向西北走，走了不远，前面有一股伪军堵住去路，我们边打边撤，当到达徐溜西边，已是下午1点多钟，四连那边还在打，远处看到敌人约百十匹洋马参战，为了弄清情况，几次派员去侦察了解，人都未回，太阳快落时，我们心急如火，只有继续向北转移，到达六塘河边等候四连，后面的枪声开始稀落。但四连一直没有下来，这时，就带着六连过了六塘河，在徐溜北靠近泗阳边界的地方休息等候。

第二天，我们到达众兴北，教导员和我带着侦察员、交通员，见到了分区领导刘震、吴信泉，他们问道："谁叫你们回来的？"我们汇报了情况后，他们说，你们要返回去坚持斗争，敌人是垂死挣扎。这时候，四连的情况不明，敌情也不明，部队又没吃的，为了坚持敌后斗争，我和教导员当天返回部队，石瑛也带五连回到泗阳、淮阴边界。

3月20日，我们返回刘老庄，听附近同志说，四连打光了。考虑到部队的情绪，我们就把六连带到刘老庄南面住下，当时听地方武工队的同志说，四连有个伤员，收留在武工队，伤势很重，头、胸都有伤，不能讲话。当晚，我亲眼看到这个伤员，他昏迷不醒，未和他讲话。四连未能撤出，是因为交通沟断头，敌人的兵力很强，火力很猛，致使八十二名战士全部壮烈牺牲，所幸存的只有在战斗开始时有六七个约十三四岁的小鬼，跟着火夫担子一起撤下来了。

刘老庄战斗以后，四连的兵员迅速得到了补充，由涟水独立团二连上升到十九团二营，补入四连，朱江同志任指导员。从此，这个英雄的连队又继续战斗在全国解放的战场。

（作者：李心从　原新四军三师七旅十九团二营副教导员）

后 记

我的村庄我的连

写完此书，已是 2011 年 3 月 17 日。恰巧第二天是刘老庄八十二烈士殉国六十八周年。刘老庄连的同志来到淮阴参加八十二烈士殉国六十八周年纪念活动，我们陪同他们一起去了趟刘老庄。

连里的同志告诉我们，六十八年来，刘老庄连一直都有来自刘老庄的兵，连队始终延续着刘老庄的血脉。是啊，这种割舍不断的情缘，流淌着英雄连队对故土永恒的眷恋，也流淌着家乡百姓对人民军队的一往深情。

他是 1963 年的兵。那年冬天，周石成登上了南下的列车："胸戴大红花，乡亲们敲锣打鼓欢送我们，那场面一辈子都不会忘记。"军营的生活十分辛苦，第一次参加野营，三天三夜不睡觉，连续赶路，跋山涉水，饿的时候就干脆吃生米。当兵期间，他和连长回了趟老家刘老庄。"那是刘老庄战斗纪念日，我身穿军装回到家乡，真是无比荣耀。"回忆当时情景，至今他仍一脸自豪。当兵六年后，周石成退伍回到了家乡。后来他到洛阳的刘老庄连看过一次。"又是一拨新兵，精神依旧。"周石成说，最美好的时光献给军营，一生都不后悔。

他是 2003 年的兵。先后相隔 40 年，乡里 80 后的小伙子仍以去刘老庄连当兵为荣。"我在刘老庄连待了五年。"刘家林说入伍第一天，得知他来自刘老庄，战友们一定要他讲讲刘老庄战斗的故事。在连队里，刘家林不敢掉以轻心："我是刘老庄的人，不能给家乡抹黑啊。"服役最后一年，他有幸参加汶川抗震救灾任务。九十多个日日夜夜，刘家林和战友们帮助群众拆危房，搭板房，度过了一段艰难而又充实的日子。从四川回来后，刘家林入了党，退伍那天，他几乎是泪流满面和所有的战友告别。回到家乡，他又成为地道的农民，他说有段当兵的历史这辈子永生难忘。

走出八十二烈士陵园，站在陵园的门口，遥望烈士长眠的土地，没有了硝烟，只有满目青翠。六十八年来，家乡人民守望亲人般看护着烈士墓地，把英雄的故事久久传唱。

每逢 3 月 18 日，地方党政机关、群众团体、部队学校和许多百姓都会来到陵园，瞻仰烈士墓，向先烈敬献花篮，表达哀思，祭奠英烈。为了更好地反映英烈光辉事迹，家乡人民曾捐建了烈士纪念馆，展陈刘老庄战斗的相关图片、文字资料。前不久，"饮水思源，我为八十二烈士植棵树"捐款活动在全市开展，市委刘永忠书记、市长高雪坤带头捐款，各界人士广泛响应，捐资总额高达数十万元……一桩桩感人的故事，就是一只只纸鹤，放飞着家乡人民对英雄永远的思念。

中共淮阴区委、区政府为纪念八十二烈士殉国六十八周年兴建的"红星广场"已经竣工，高大的八十二烈士主题雕塑矗立在广场中央，与陵园中轴线上的八十二烈士纪念碑遥相呼应，雕塑的基座上镌刻着胡锦涛主席在纪念中国人民抗日战争暨世界反法西斯战争胜利六十周年大会上的高度评价：新四军"刘老庄连"等众多英雄群体，就是中国人民不畏强暴、英勇抗争的杰出代表。雄浑的鎏金大字在阳光照耀下熠熠生辉，烈士的精神在人民的心中闪耀着光芒。

驱车离开刘老庄，已近中午时分，一排排整齐的农庄，一块块绿油油的麦田从车窗外飕飕掠过，六十八年前那场悲壮的战斗不断在脑际萦绕，我们虔诚的心为英雄的连队、为深情的故乡人民而感动。

哦，我的村庄，我的连！